온라인 판매 사업을 한다는 것

노트북 한 대로 창업한 30대 직장인이
기업가치 1,000억 회사를 만든 비밀

온라인 판매 사업을 한다는 것

최인순 지음

*design*house

창업, 같은 시장 안에서 다른 것을 발견하는 일

나는 2015년에 투자회사로부터 공동 투자 권유를 받아 투자자로서 저자를 처음 만나게 되었는데, 설립한 지 5년밖에 안 된 최인순 대표 회사의 기업가치는 이미 200억 원이 넘어 있었다. 특히 인상적이었던 것은 그가 자본금 없이 컴퓨터 한 대만 가지고 시작했다는 점이었다. 회사는 설립 이후 영업이익이 마이너스가 된 적이 단 한 달도 없으며 매년 2배 가까이 성장했다는 점도 놀라웠다. 당연히 투자회사와 나는 저자의 회사에 적지 않은 자금을 공동 투자하기로 결정했다. 주식의 60%를 인수하는 계약(구주 매매)이었는데 이로 인해 저자는 창업한 지 단 5년 만에 100억이 넘는 현금을 벌 수 있었다. 사업을 처음해 보는 젊은 친구가 대단하다고 생각했다. 나는 사업 파트너로서 또 투자자로서 수많은 이커머스 사업자들을 만나 봤는데 저자만큼 전문성이 있고 시장과 사업에 확신을 가지고 나아가는 사람은 본 적이 없다. 물론 그의 성과만으로도 훌륭하지만 바로 이런 점 때문에 나는 당시에도 그에게 도서 출간을 제안했다. 하지만 그때는 시간적 여유가 없다며 한사코 사양을 해서 아쉬웠다.

그때로부터 5년 후, 저자의 회사는 코스닥에 주권 상장이 되었는데 내가 알기로는 순수 온라인 벤더^{vender}로서는 최초다. 그는 다른 경쟁사들이 상상조차 할 수 없었던 일들을 현실로 만드는 데 성공했다. 회사의 현재 기업가치(시가총액)는 이미 1,000억 원을 넘어섰고 그는 여전히 수백억대 주식을 지닌 회사의 개인 최대 주주다.

그는 이커머스 사업에 대해 분명 남들과는 다른 시각을 가지고 있다고 확신한다. 그렇지 않다면 수십만에 달하는 이커머스 사업자 중에 이렇게 독보적인 행보를 보이긴 어려웠을 것이다.

누구든 이커머스 사업을 창업하고 무엇이든 팔 수 있는 시대다. 회사원이건 디자이너건 작가건 직종과 분야를 막론하고 모든 사람이 판매자가 될 수 있으며, 공산품은 물론이고 예술작품이나 라이프스타일 같은 무형 재화도 얼마든지 상품이 될 수 있다. 그리고 저자의 성공 경험을 담은 이 책은 이커머스 창업을 꿈꾸는 사람과 이미 창업을 해서 회사를 성장시키고 싶은 사람 모두에게 그 어떤 자료보다도 훌륭한 인사이트를 제공할 것이다.

㈜디자인하우스 CEO **이영혜**

생존을 넘어 성공으로 가는 길

나는 10여 년의 직장 생활 끝에 이커머스 창업을 결심했다. 가장 먼저 한 일은 동일 업종에서 이미 자리를 잡고 성공을 거둔 지인들에게 조언을 구하는 것이었다. 다행히 나 또한 같은 업계에 몸담고 있었기 때문에 경험 많은 창업 선배들을 찾는 것은 어렵지 않았다. 그다음으로 한 일은 이커머스 창업과 관련한 서적을 여러 권 읽는 것이었다.

일을 할 때(특히 사업을 할 때) 가장 중요한 것 중에 하나는 내가 현재 어떤 일에 집중해야 하고 이 일이 3개월 후에 회사에 어떤 변화를 줄지, 또 3개월 후에는 내가 어떤 일을 하고 있어야 하고 그래서 6개월 후에는 회사가 어떤 모습으로 달라질지를 정확하게 알고 있어야 한다는 것이다. 다시 말해서 회사가 나아가야 할 방향을 구체적으로 알고 일을 해야 한다는 뜻이다.

창업을 하면 직장 생활을 할 때와 크게 달라지는 것이 바로 이런 점이다. 직장에서는 보통 내가 해야 할 일을 스스로 찾고 정하기보다 배정된 업무를 수행하는 경우가 많다. 또한 어려움을 겪는다면 선배와 상사에게 도움을 받을 수도 있다. 그러나 창업을 하게 되면 크게는 회사의 방향 설정에서부터 작게는 사소한 업무 설정과 의사 결정까지 모든 일을 스스로 해 나가야 한다. 물어볼 사람이나 도움을 요청할 사람도 없다.

　이럴 때 창업 선배들의 조언과 창업 관련 서적은 적지 않은 도움이 되었다. 다만 한 가지 아쉬웠던 점은 내가 읽었던 책들이 대부분 입점 절차, 상품 등록 방법, 상품 상세페이지 만들기 등과 같이 실무 매뉴얼 위주의 내용을 담고 있다는 것이었다. 매뉴얼 책은 창업과 사업 운영에 필요한 기본 정보를 손쉽게 얻게 해 줌으로써 사업 초기 1~2개월 동안에 시행착오를 줄이는 데 도움을 주었지만, 이 시기가 지나자 필요한 정보가 따로 있었다. 회사가 성장하기 위해서는 우리만의 방향을 설정하고 경쟁 전략을 고민하는 일이 필요했는데, 이럴 때 도움이 될 만한 자료를 찾는 것이 쉽지 않았다.

　처음 이커머스 사업 관련해서 출간 제의를 받았을 때는 책을 집필할 시간이 부족하기도 했지만 이미 시중에 유사한 책들이 여럿 있었기 때문에 고사했다. 이후 거듭된 권유를 받고 고민 끝에 출간하기로 한 것은 바로 위의 이유 때문이었다. 단순히 매뉴얼에 그치는 것이 아니라 내가 창업 선배들에게 들었던 조언과 같은, 회사를 성장시키는 데 필요한 인사이트를 더해야겠다고 생각했다. 나름대로 업계 선도자가 되면서 내가 경험하고 스스로 터득한 노하우도 최대한 싣고자 했다. 실제 온라인 판매 사업을 하다 보면 누구나 비슷한 고민에 부딪히게 된다. 가령 직원들은 어떤 기준으로 채용해야 하는지, 쇼핑몰 매출 구조는 어떻게 구성하는 것이 가장 효과적인지 그리고 쇼핑몰 판매가와 납품가, 마진율은 어떻게 운영할지 등과 같은 것이다. 이런 내용을 함께 제공한다면 독자들에게 더 큰 도움이 될 수 있지 않을까 하고 생각한 것이다.

사업의 방향에 정답이 있는 것은 아니다. 어떤 사람은 이 길로 가서 성공할 수 있고 또 다른 사람은 저 길로 가서 성공할 수 있다. 같은 사업이라고 해도 내 생각과 의견만이 정답이라고 할 수는 없다. 다시 말해서 이 책은 이대로만 하면 성공할 수 있다는 이야기가 아니다. 다만 내가 창업 전 선배들의 조언을 참고해서 내 나름대로의 방향과 전략을 수립했던 것처럼, 창업부터 기업공개IPO까지 실제 경험을 바탕으로 쓴 이 책이 이커머스 사업을 시작하거나 또는 이미 창업해서 회사를 더 성장시키고자 하는 분들의 고민과 생각을 정리하는 데 좋은 참고 자료가 될 것이라 기대한다.

마지막으로, 온라인 판매 사업은 여러 이유에서 시작이 어렵지 않은 사업이다. 누구나 컴퓨터 한 대만 가지고도 쉽게 시작할 수 있다. 바꿔 말하면 그만큼 경쟁자가 많은 치열한 시장인 셈이다. 그런데도 여전히 이커머스 시장은 도전하는 이들에게 큰 기회가 열려 있는 매력적인 곳이기 때문에 자신감을 갖고 시작해 보길 바란다. 새롭게 도전하는 많은 사람이 자신만의 차별화된 전략과 경쟁력을 기반으로 각자의 꿈을 이뤄 나가길 응원한다.

'차원이 다르게!' 내가 예전부터 일할 때 가장 중요하게 여기는 개념이자 창업한 회사들의 공통된 사훈이다. 남들과 다르게 해야 남들과 다른 성과를 기대할 수 있다는 점을 잊지 말자.

2021년 6월 최인순

CONTENTS

CHAPTER 5

매출을 10배로 높이는 실전 마케팅 노하우

CHAPTER 1

온라인 쇼핑 창업, 어디서부터 시작할까?

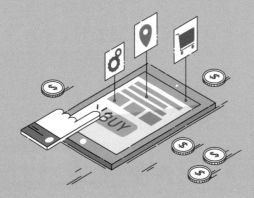

사업을 시작하기 전에 반드시 물어야 할 질문

자본금 100만 원, 컴퓨터 한 대면 충분하다

어떤 서류가 필요할까?

직원은 어떻게 채용할까?

사업 운영을 편리하게 해 주는 외부 서비스에 돈을 아끼지 않는다

안정적으로 매출을 올리는 '시스템'을 구축한다

사업을 시작하기 전에
반드시 물어야 할 질문

▌끝까지 해내겠다는 의지가 있는가?

몇 년 전 한 대기업의 영업직군 채용 면접 자리에서 면접관이 응시생에게 다음과 같은 질문을 했다.

"당신의 어린 자녀가 가지고 놀던 장난감을 삼켜 버렸습니다. 위급한 상황이라 서둘러 응급실로 데려갔지만, 응급실에는 대기 환자가 너무 많아 의사의 진료를 받기까지 순서를 한참 기다려야 합니다. 이 상황에서 당신은 어떻게 행동할 것인가요?"

여러분도 한번 생각해 보기 바란다. 아마도 대부분 어찌할 바를 몰라 식은땀을 흘리며 안절부절못할 것이다. 당시 이 질문에 대다수 응시생이 "얼마나 위급한 상황인지 의사에게 잘 설명하고 최대한 빠르게 아이를 처치하게끔 설득하겠다"라고 대답했다고 한다. 하지만 실제 상황에서 이 대처법은 현실성이 매우 떨어진다. 응급실의 의사들은 너무 바쁘기 때문에 보호자의 설명을 들을 시간이 없을 뿐만 아니라, 설령 듣는다고 해도 먼저 온 환자들도 위독한 상황에서 그런 설득이 통할 리가 없다. 이때 한 응시생이 다음과 같이 답했다고 한다.

"저는 우선 주변을 살펴 수술용 칼을 찾을 겁니다. 그리고 의사 중 아무나 붙잡고 내 아이를 당장 치료해 달라고 협박할 것입니다."

이 대답을 들은 면접관이 "그건 범죄 행위가 아닌가요?"라고 묻자 응시생은 "그 순간에는 법을 지키는 것보다 아이를 살리는 것이 우선입니다. 그 외에 다른 것은 생각할 수 없습니다. 일단 아이부터 살리고 나서 처벌을 받든지 말든지 하겠습니다"라고 대답했다.

조금 과장된 예를 들긴 했지만 사업도 이와 비슷하다고 생각한다. 일단 사업을 시작하면 어떤 어려움이 닥치더라고 포기하지 않겠다는 마음가짐으로 임해야 한다. 만약 사업에 실패한다면 본인과 가족은 물론이고, 여러 직원들까지도 힘들어지기 때문이다. 한마디로 반드시 역경을 이겨 내 성공하겠다는 굳은 의지가 없다면 애초에 시작도 하지 말아야 하는 것이 바로 바로 사업이다.

▌'벽'을 뛰어넘을 각오가 되었는가?

사업을 하다 보면 다양한 벽에 부딪히게 된다. 그 벽은 동일 업종의 사업을 하는 경쟁자들 역시 똑같이 마주치게 되는 벽이다. 어떻게 해서도 넘을 수 없는 벽처럼 보이는 것도 있고 죽을힘을 써야 겨우 넘을 수 있을 것 같은 벽도 있다. 어쨌든 모두 넘기 어려운 것은 마찬가지로 대부분의 사람들은 벽을 넘는 데 실패하거나 벽 앞에서 지레 포기하는 경우가 많다. 하지만 마주치는 벽마다 돌아간다면 사업에서 성공할 수 있을까?

달리기 경주를 하는 동안 단단하고 높은 벽이 100개가 나온다면 이 중 적어도 하나는 돌아가지 않고 뛰어넘어야 남들보다 빨리 갈 수 있다. 사업하는 사람들은 모두 다 안간힘을 다해 열심히 뛰기 때문에 내가 안간힘을 다해 뛴다는 것 하나만으로는 남들보다 빠를 수 없다. 그래서 나는 '다른 사람들이 넘지 못한 수많은 벽 중 단 하나만이라도 넘자'는 각오로 사업에 임했다.

이를 위해서는 먼저 수많은 벽 중 어떤 것을 뛰어넘을지 결정해야 하는데, 이때 온라인 벤더 사업의 핵심 성공 요인CSF, Critical Success Factor을 파악하고 더불어 나의 장점을 정확하게 알고 있어야 한다. 다시 말하지만 사업을 하면서 마주치게 되는 모든 벽을 다 뛰어넘으라는 말이 아니다. 내가 가진 장점들로 인해 그나마 남들보다 넘기 쉬운 벽, 그중에서도 온라인 벤더 사업의 핵심 성공 요인과 밀접하게 관련되어 있어서 뛰어넘기만 한다면 남들보다 훨씬 더 빠르게 성공을 향해 나갈 수 있는 벽으로 잘 골라야 한다.

내 경우에는 남들보다 논리적으로 설득하는 것에 자신 있었다. 그래서 내가 선택한 벽은 바로 신용거래였다. 신용거래는 판매가 이루어진 후에 납품받은 상품에 대한 비용을 지급하는 것으로, 제조사 입장에서 누군지도 잘 모르는 사람한테 신용으로 상품을 납품하는 일은 절대 쉽지 않은 결정이다.

대부분의 벤더들은 현금거래로 제조사와 거래한다. 하지만 초기 자본금이 넉넉하지 않았던 내게 신용거래를 트는 것은 절실하고도 중요한 문제여서 여러 가지 논리적 근거를 제시해 결국은 제조사를 설득해 냈다. 만약 신용거래로 상품을 납품받지 못했다면 다른 온라인 벤더사 대표들처럼 상품 매입 자금을 마련하는 데 많은 시간과 노력을 쏟았을 것이다. 하지만 나는 이 벽을 넘은 덕에 좋은 상품을 기획하는 일에만 집중할 수 있었고, 따라서 남들보다 훨씬 유리한 입장에서 달릴 수 있었다. 이렇듯 누구나 부딪히게 되는 벽들 중 단 하나만이라도 뛰어넘는다면 자신이 세운 목표에 도달하는 시간이 조금 더 앞당겨질 것이다.

▌업계 현황 파악은 끝났는가?

마음가짐과 각오를 단단하게 다졌다면 그다음으로는 업계 상황을 현실적으로 파악해야 한다. 나와 경쟁할 회사는 얼마나 있는지, 그들 중 몇 퍼센트가 이익을 내고 몇 퍼센트가 손실을 보고 있는지, 상위 몇 퍼센트 안에 들어야 내가 원하는 수준의 이익을 낼 수 있는지 등을 면밀히 조사하고 검토하는 과정은 반드시 필요하다.

통계청이 발표한 자료에 따르면 2019년 신규 사업자 수는 약 131만 명, 폐업한 사업자 수는 약 92만 명으로 폐업률이 약 70%에 달하는 것으로 나타났다. 이는 10명의 사업자 중 3명만 살아남는다는 의미다. 최근 신규 사업자가 급격히 증가하는 추세를 고려할 때, 실제 폐업률은 그보다 더 높을 것으로 추정된다. 온라인 벤더 사업 또한 정확한 통계가 나오지는 않았지

2019년 사업자 현황

단위: 명

총 사업자			법인사업자			개인사업자		
총계	신규	폐업	총계	신규	폐업	총계	신규	폐업
8,046,119	1,316,360	922,159	1,002,855	137,591	69,587	7,043,264	1,178,769	852,572

출처: 통계청

만, 모수가 크기 때문에 폐업률은 큰 차이가 없을 것으로 예상된다.

이처럼 생존율이 매우 낮음에도 많은 급여생활자가 창업을 시도하거나 꿈꾸고 있다. 요즘처럼 어려운 상황에서 사업을 시작하는 사람들에게 "사업은 성공하는 것보다 실패하지 않는 것이 더 중요하다"라고 말하고 싶다. 도표 1-1의 통계를 보면 알 수 있듯이 현실적으로 창업했을 때 성공하는 사람보다 실패하는 사람이 훨씬 더 많기 때문이다. 따라서 내가 기존의 사업자들과 비교해서 어떤 일을 더 잘할 수 있는지, 어떤 점이 부족한지, 그래서 상위 몇 퍼센트 안에 들 수 있을지 등을 냉정하게 따져 봐야 한다. 또한 실패한다면 어느 정도의 손해가 발생할지, 손해를 최소화하려면 어떻게 해야 한지 등을 깊이 고민해 보고 사업을 시작하기 바란다.

▎목적과 방향을 명확하게 세웠는가?

사업을 본격적으로 시작하기 전에 사업의 목적과 방향을 설정하는 것은 매우 중요하다. 이 두 가지는 사업을 운영하면서 직면하게 되는 수많은 의사결정 과정에서 중요한 기준이 되기 때문이다. 또 막상 사업을 시작해 운영하다 보면 이런 부분을 깊이 고민할 시간적인 여유가 없어서이기도 하다.

사업 목적이 기업 가치를 높이는 것일 때와 순이익을 극대화하는 것일 때의 운영 방법은 전혀 다를 수밖에 없다. '기업 가치'란 기업이 벌어들일 미래의 이익을 시간과 불확실성을 고려해서 현재의 가치로 환산한 것을 말한다. 즉 현재 시점의 이익보다는 미래의 장기 이익에 더 영향을 받는 것이다. 가령 브랜드를 인수하거나 자사 쇼핑몰을 구축하면 비용이 발생함으로써 단기적인 이익은 오히려 줄어들 가능성이 있지만, 미래에 창출할 기대 이익이 높아지므로 기업 가치는 높일 수 있다. 반대로 상품의 마진을 낮춰서 판매가를 인하하는 할인행사를 하면 매출 상승으로 인한 단기 이익은 높일 수 있으나 장기 이익은 오히려 감소할 수 있으므로 기업 가치 측면에서는 좋은 방법이 아닐 수 있다. 정답이 있는 것은 아니다. 다만 사업을 하면서 개인의 사업 목적에 따라 의사 결정의 기준이 달라질 수 있다는 얘기다.

또한 내가 하고 싶은 것이 장사인지 사업인지도 명확하게 구분할 필요가 있다. 장사는 어떤 행위를 통해 수익을 창출하는 것이라면, 사업은 꾸준히 수익을 창출해 내는 시스템을 만드는 것이다. 만약 장사가 아닌 사업이 하고 싶다면 돈을 버는 데 집중하기보다는 돈 버는 시스템을 만드는 일에 집중해야 한다. 가령 특판을 통해 일회성으로 상품을 대량납품하면 단기적인 수익은 높아질 수 있지만, 이는 회사의 근본적인 성장과는 거리가 멀기 때문에 단발적인 이벤트를 통해 수익을 창출하는 것은 지양하는 것이 좋다.

자본금 100만 원,
컴퓨터 한 대면 충분하다

▌온라인 벤더란 무엇인가?

요즘 많은 직장인이 창업을 꿈꾸지만 무턱대고 회사를 그만두기에는 리스크가 너무 크다. 하지만 온라인 쇼핑몰 사업은 큰 리스크를 지지 않고 회사에 다니면서도 얼마든지 창업이 가능하다는 점에서 관심이 점점 더 높아지고 있다. 온라인 쇼핑몰 시장에서 상품을 판매하는 사업체나 사업자를 온라인 벤더라고 한다. 벤더의 사전적 의미는 다양한 품목의 상품을 소매업체에 소량으로 공급하는 회사를 말한다. 초기에는 컴퓨터 하드웨어나 소프트웨어 판매와 관련한 기업을 일컬었다. 하지만 현재 온라인 벤더는 상품의 종류와 상관없이 종합쇼핑몰(GS SHOP, CJmall, SSG닷컴)이나 오픈마켓(옥션, G마켓), 소셜커머스(쿠팡, 티몬, 위메프), 스마트스토어 등의 온라인 쇼핑몰을 통해 유통업을 하는 모든 판매자를 의미한다.

도표 1-2 온라인 벤더의 업무

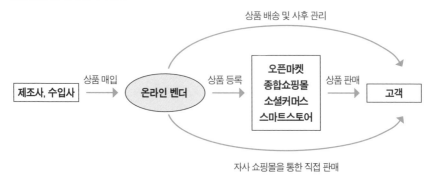

온라인 벤더는 시장 조사를 통해 판매 상품을 선정하는 일부터 판매 상품 소싱, 상품 촬영, 상세페이지 제작, 쇼핑몰 상품 등록, 상품 광고, 배송, 정산, 사후 관리, 고객 응대 등 다양한 업무를 진행한다(각 업무에 대한 설명은 뒤에서 보다 자세하게 할 예정이다).

▌레드오션도 감수할 만한 온라인 쇼핑몰 사업의 장점

온라인 쇼핑몰 시장의 폭발적인 성장세에 많은 사람들이 주목하고 있지만, 무엇보다 이 분야가 예비 창업자들에게 각광받는 이유는 앞서 언급했듯이 누구나 작은 리스크로 손쉽게 사업을 시작할 수 있기 때문이다. 이 외에도 초보 창업자라면 솔깃할 수밖에 없는 장점이 있다.

최소의 자본금으로도 가능하다

온라인 쇼핑몰 사업의 가장 큰 장점은 최소의 자본금으로 사업을 시작할 수 있다는 것이다. 보통 창업을 하고 싶어도 자본이 없어서 시도하지 못하는 경우가 많다. 그런데 온라인 쇼핑몰 사업은 컴퓨터 한 대만 있으면 시작할 수 있을 정도로 초기 자본금이 많이 필요하지 않다. 오프라인 매장을 운영하는 경우에는 임대료, 인테리어 비용, 기자재 비용 등 큰 비용이 들어간다. 하지만 온라인 쇼핑몰의 경우 별도의 사무실이 없어도 집에서 사업을 운영하는 것이 가능하므로 사업 초반에 자본금을 마련하기 위해 무리하지 않아도 된다. 자사 쇼핑몰을 운영하더라도 1,000만 원 이하의 자본금으로 창업이 가능하며, 특히 오픈마켓이나 스마트스토어로 창업할 경우 100만 원 이하의 소자본으로도 시작할 수 있다.

혼자서도 운영이 가능하다

2021년 현재 우리나라의 최저 시급은 8,720원이다. 사업을 시작할 때, 인건비가 초기 사본금에서 큰 비중을 차지한다면 다른 부분의 비용을 줄여야 하기 때문에 부담이 될 수밖에 없다. 하지만 온라인 쇼핑몰 사업은 어느 단계까지는 혼자서도 얼마든지 운영이 가능하므로 인건비에 대한 부담을 줄일 수 있다.

비용 문제만이 아니다. 직원 한 명을 고용하기까지는 수많은 과정이 따르는데, 사업 초반에는 이런 부분을 준비하기가 쉽지 않다. 그래서 별다른 인력 없이 혼자서 사업을 운영할 수 있다는 점은 초보 사업자에게 매우 큰 장점이다.

시간과 공간의 제약이 없다

온라인 쇼핑몰 사업장들의 소재지를 보면 집 주소인 경우가 많다. 별도로 사무실을 마련하지 않은 것이다. 온라인 쇼핑몰 사업은 노트북과 스마트폰만 있으면 아침이든 밤이든, 집에서든 카페에서든 시간과 공간의 제약을 받지 않고 언제 어디서나 업무를 진행할 수 있다. 특히 최근에는 다양한 모바일 앱의 발달로 인해 상품을 주문하고 수집하는 일부터 판매 분석, 상품 광고, 고객 응대까지 여러 업무를 내가 원하는 시간에 원하는 장소에서 처리할 수 있게 되어 더욱 편리해졌다.

매출 채권 회수의 리스크가 낮다

사업을 하다 보면 이미 상품을 납품했는데 채권을 회수하지 못해서 곤란한 처지에 놓일 때가 꽤 많다. 본인이 잘못한 것은 없지만 외부 요인으로 인해 손해를 보는 상황인데 심지어 이로 인해 폐업을 하게 되는 경우도 적지 않게 볼 수 있다. 이는 사업하는 입장에서 매우 불안한 요소가 되어 사업을 공격적으로 진행하고 싶어도 주저하게 만든다. 하지만 온라인 쇼핑몰 사업은 이에 대한 리스크가 크지 않기 때문에 매출처(쇼핑몰)만 잘 선정한다면 걱정할 필요가 없다.

우리나라에는 수많은 온라인 쇼핑몰이 있다. 대기업 계열이나 외국 자본의 비교적 규모가 큰 대형 쇼핑몰부터 개인들이 운영하는 작은 규모의 쇼핑몰까지 매우 다양하다. 이 중 사실상 대부분의 매출은 대형 쇼핑몰에서 발생한다. 이 대형 쇼핑몰만 따져도 현재 약 20여 개나 된다. 나는 창업 초기부터 재정이 튼튼한 회사들과만 거래한다는 원칙을 따랐다. 그 이유는 매출 채권의 확실한 회수, 즉 쉽게 말해 돈을 떼일 염려가 없다는 점과 정산이 편리해서 매출 정산에 시간을 뺏기지 않는다는 장점 때문이었다. 설령 더 많이 판매하고 싶어서 쇼핑몰을 10개 늘린다고 해도 상위 20개의 쇼핑몰과 거래하는 것에 비해 매출이 10%도 늘지 않을 것이다. 매출은 별로 늘지 않고 정산 업무만 많아지는데, 차라리 그 시간에 기존 20개 쇼핑몰에 더 집중해서 매출을 올리는 것이 더 효율적이라고 판단했다. 게다가 대부분 현금거래로 이뤄진다. 이렇듯 온라인 쇼핑몰 사업은 안정적인 매출처가 많아서 매출 채권을 안전하게 회수할 수 있다는 장점이 있다.

성장률이 매우 높은 산업이다

창업할 때 가장 중요하게 봐야 할 부분이 바로 내가 진출하려고 하는 업종의 평균 성장률이다. 왜냐하면 '내가 하면 무조건 남보다 훨씬 잘할 것이기 때문에 업계 평균은 나와 상관없다'라고 생각하는 것보다 '나도 업계 평균 징도만큼은 할 수 있다'고 전제하는 것이 더 현실적이기 때문이다. 산업통상자원부에서 발표한 자료를 보면 2016년 이후 국내 온라인 시장은 15%를 상회하는 높은 성장률을 보이고 있다. 다시 말해서 내가 평균만 따라간다고 해도 15% 이상 성장할 수 있다는(이론상의) 결론이 나온다.

이 결론의 설득력을 뒷받침할 근거로 국내 온라인 유통 시장 현황을 좀

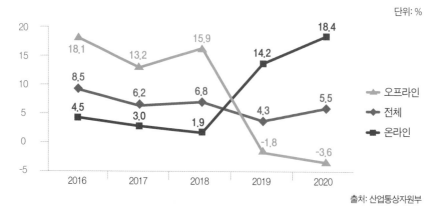

도표 1-3 유통업체별 전년 대비 매출 증감률

단위: %

출처: 산업통상자원부

더 자세히 살펴보자. 산업통상자원부에서 발표한 '2020년 주요 유통업체 매출' 자료에 따르면 2020년 주요 유통업체 매출에서 오프라인은 전년 대비 3.6% 소폭 감소했으나 온라인은 18.4% 증가하며 성장세를 유지하고 있다(도표 1-3 참조). 업태별 매출 구성비는 대형마트와 백화점 등의 오프라인이 감소 추세를 보인 것과 달리 온라인 판매는 4% 증가했다(도표 1-4 참조). 이와 같은 온라인 유통 시장의 성장은 즉시성과 편의성을 중시하는 소비문화의 확산과 인터넷과 모바일 기술의 발달 및 배송 강화에 따른 것으로 분석된다. 특히 2020년 1월 국내에서 첫 코로나19 확진자가 발생한 이후 언택트untact 문화가 확산하면서 온라인 유통 시장의 성장은 더욱 급물살을 탔다.

또한 통계청이 발표한 '2020년 12월 및 연간 온라인 쇼핑 동향' 자료에 따르면 2020년 온라인 쇼핑 거래액은 161조 1,234억 원으로 전년 대비

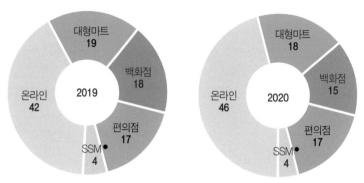

도표 1-4 2019년 및 2020년 업태별 매출 구성비

단위: %

● Super Supermarket: 롯데슈퍼, 이마트 에브리데이, 홈플러스 익스프레스 등과 같은 기업형 슈퍼마켓

출처: 산업통상자원부

19.1% 증가했으며 온라인 쇼핑 거래액 중 모바일 쇼핑 거래액은 108조 6,883억 원으로 전년 대비 24.5%가 증가했다(도표 1-5 참조). 상품군별 온라인 쇼핑 거래액을 보면 코로나19로 인한 외부활동 자제로 문화 및 레저서비스(-69.3%), 여행 및 교통서비스(-53.3%) 등에서 감소가 나타났으나 음식서비스(78.6%), 음·식료품(48.3%), 생활용품(44.1%) 등 대부분의 상품군에서 전년 대비 거래액이 증가했다. 상품군별 온라인 쇼핑 거래액 구성비는 음·식료품(12.4%), 가전·전자·통신기기(11.8%), 음식서비스(10.8%) 순으로 높다(도표 1-6 참조). 온라인 쇼핑 시장은 상품 추천, 간편 결제, 앱 활용 등으로 소비자의 편의성을 높이고, 신선 식품 배송 강화에 따른 식품 매출 성장 등에 힘입어 모든 상품군 매출이 증가하며 전체 매출이 증가한 것으로 보인다.

도표 1-5 2019년 및 2020년 온라인 쇼핑 거래액

단위: 억 원, %

	2019년		2020년		전년비		구성비	
	온라인	모바일	온라인	모바일	온라인	모바일	온라인	모바일
합계	1,352,640	872,736	1,611,234	1,086,883	19.1	24.5	100.0	100.0

출처: 통계청

도표 1-6 2020년 상품군별 온라인 쇼핑 거래액 구성비

단위: %

가구 3.1　　　패션용품 및 액세서리 1.4
아동·유아용품 3.0　자동차 및 자동차용품 1.3
e쿠폰서비스 2.7　애완용품 0.7
가방 1.6　　　사무·문구 0.7
신발 1.5　　　문화 및 레저서비스 0.4
서적 1.5

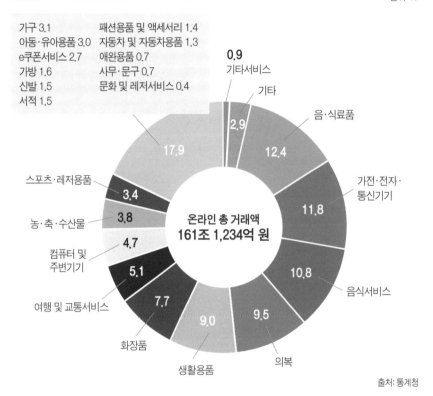

출처: 통계청

온라인 판매 사업을 한다는 것

030

온라인 산업에서는 성장률 외에 또 한 가지 살펴봐야 할 개념이 있는데 그것은 바로 '온라인 시장 침투율e-commerce penetration rate'이다. 온라인 시장 침투율이란 전체 유통 시장 규모에서 온라인을 통해 거래되는 비중이 얼마인가 하는 개념인데, 통상적으로 온라인 시장 침투율이 낮다는 것은 향후 더욱 성장할 수 있는 기회가 남아 있다는 의미로 볼 수 있다. 모든 산업에서 오프라인으로부터 온라인으로 거래가 빠르게 옮겨지고 있는데, 가령 특정 분야의 온라인 시장 침투율이 이미 100%에 가깝다면 그 분야는 시장 자체가 커지지 않는 한 향후 성장하기 어렵다는 이야기다. 반대로 온라인 시장 침투율이 20%라면 그 분야 시장 자체가 성장하지 않더라도 오프라인 매출이 온라인으로 이동하는 효과 때문에 온라인 시장은 계속 성장할 것이다. 정리하자면 '성장률'이 지금까지 산업이 얼마나 성장해 왔는지를 말해 주는 지표라면 '온라인 시장 침투율'은 앞으로 얼마나 더 성장할 여지가 남아 있는지를 말해 주는 지표라고 할 수 있다.

통계청에서 발표한 '2020년 12월 및 연간 온라인 쇼핑 동향' 자료에 의하면 전체 소매 시장에서 온라인 시장 침투율은 2019년 28.6%였고, 코로나19로 온라인 쇼핑 거래액이 급등한 2020년은 33.9%를 상회했다(도표 1-7 참소). 그림에도 여전히 온라인 쇼핑 시장이 성장할 여지는 충분히 남아 있다. 특히 산업별로 온라인 시장 침투율이 많이 다르기 때문에 어떤 산업 분야의 상품을 먼저 취급할 것인지 결정할 때 이 '온라인 시장 침투율'을 참고하면 도움이 된다.

많은 사람이 온라인 쇼핑몰 시장은 현재 레드오션이기 때문에 성공하기

도표 1-7 국내 온라인 시장 규모 및 침투율

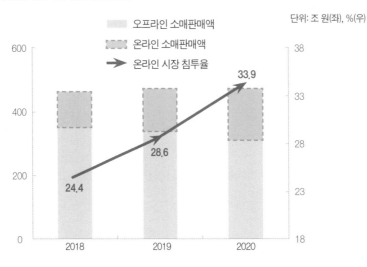

단위: 조 원(좌), %(우)

- 오프라인 소매판매액
- 온라인 소매판매액
- → 온라인 시장 침투율

출처: 통계청, 미래에셋대우 리서치센터

힘들 것으로 생각한다. 물론 낮은 진입 장벽으로 인해 무수한 경쟁자가 존재하는 것은 사실이다. 하지만 온라인 쇼핑몰 시장은 다른 산업과 비교할 때 여전히 높은 성장률을 유지하고 있고, 전체 소매시장 대비 시장 침투율이 높지 않아 앞으로도 이런 성장세가 지속될 것으로 전망한다. 즉 많은 사람의 우려에도 온라인 쇼핑몰 시장으로의 진출은 여전히 좋은 결정이 될 가능성이 높다.

어떤 서류가 필요할까?

사업자등록증 발급받기

오픈마켓이나 스마트스토어 등에서 사업자 판매 회원으로 가입하려면 사업자등록증과 통신판매업신고증이 있어야 한다. 사업자등록증은 빠르면 당일 발급되지만 3일 이상 소요되는 경우도 있으므로 판매 회원으로 전환·가입하기 전에 미리 준비해 두는 것이 좋다.

· 관할 세무서

사업자등록증을 발급받는 가장 일반적인 방법은 본인이 사업할 지역에 있는 관할 세무서에 직접 방문해 발급받는 것이다. 세무서 직원의 설명과 안내에 따라 사업자등록신청서를 작성하면 된다. 세무서에 갈 때는 신분증과 사업장 임대차계약서를 준비해야 한다. 임대차계약서는 본인이 거주하는

집을 사무실로 사용한다면 필요 없지만, 사무실을 임대해서 창업할 경우 필요하다. 사업자 등록 신청 시 사업자 상호명을 기입해야 하므로 미리 생각하고 가자. 또한 처음 사업자 등록을 신청할 때 많은 사람이 당황하는 부분이 업태와 종목을 정하는 것이다. 이는 국세청 홈택스 사이트에서 업종분류코드(조회/발급 > 기타 조회 > 기준·단순 경비율)를 참조하면 도움이 된다. 온라인 벤더 사업의 경우 업태는 소매업, 종목은 전자상거래업으로 하면 된다.

· 국세청 홈택스

사업자등록증을 국세청 홈택스(www.hometax.go.kr)에서 발급받으면 세무서

| 사업자등록증을 발급받을 수 있는 국세청 홈택스

온라인 판매 사업을 한다는 것

구분	현장 접수	인터넷 접수
장소	사업장 소재지 관할 세무서	국세청 홈택스
준비 서류	- 신분증 - 사업자등록신청서 1부 - 임대차계약서 사본 1부(사업장을 임차한 경우)	- 공인인증서 - 사업자등록신청서 1부 - 임대차계약서 사본 1부(사업장을 임차한 경우)

에 직접 방문하지 않아도 된다는 장점이 있다. 홈택스 발급에 꼭 필요한 준비물은 공인인증서다. 공인인증서를 통해 로그인을 한 후 화면 상단 메뉴에 있는 [신청/제출]을 선택하고, [사업자등록신청(개인)]을 클릭하면 절차가 진행된다. 업종 선택부터 사업자 정보 입력, 사업자 유형 선택까지 본인의 해당 사항대로 꼼꼼하게 체크하고 입력한다. 마지막 제출 서류 단계에서는 본인에게 해당하는 서류만 선택하고 스캔본을 업로드하면 된다.

통신판매업 신고증 발급받기

• 관할 시·군·구청

통신판매업 신고증은 사업장 관할 시청, 군청, 구청 등의 지역경제과에 방문해 발급받을 수 있다. 관할 구청에 방문할 때는 신분증, 사업자등록증, 구매안전서비스 이용확인증이 필요하다. 구매안전서비스 이용확인증은 구매자가 쇼핑몰을 믿고 안전하게 결제를 해도 된다는 확인증으로 국민은행, 기업은행, 농협에서 쉽게 발급받을 수 있다. 또한 매년 면허세를 납부해야 하는데 금액은 신청하는 지역의 인구수에 따라서 달라진다.

구분	현장 접수	인터넷 접수
장소	사업장 소재지 관할 시·군·구청 지역경제과	정부24
준비 서류	- 신분증 - 사업자등록증 - 구매안전서비스 이용확인증	- 공인인증서 - 사업자등록증 - 구매안전서비스 이용확인증

도표 1-9 **통신판매업 신고증 발급에 필요한 준비 서류**

| 통신판매업 신고증을 발급받을 수 있는 정부24

• 정부24

요즘은 편리함 때문에 통신판매업 신고증을 정부 행정서비스 통합 포털인 정부 24(www.gov.kr)에서 온라인으로 신청하는 경우가 더 많다. 공인인증서를 통해 정부24에 로그인을 한 후 [서비스]→[기업단체 서비스]→[사업내용변경/인허가] 버튼을 차례로 누르면 통신판매업을 신청할 수 있다. 통신판매업 신고서의 필수 입력사항을 빠짐없이 꼼꼼하게 입력하고, 구매안전서비스 이용확인증을 첨부하면 신청이 완료된다.

▎일반과세자 vs. 간이과세자

사업자 등록을 할 때 일반과세자와 간이과세자 중 하나를 선택해야 한다. 서로의 장단점이 있으니 본인에게 잘 맞는 과세 유형을 판단하고 결정하면 된다. 두 사업자 유형은 연간 매출액 4,800만 원(매출발생일, 세금신고일에 따라 달라질 수 있다)을 기준으로 그 이상인 경우 일반과세자, 그 미만인 경우 간이과세자로 분류된다.

일반과세자의 장점은 세금계산서를 발행할 수 있다는 것이다. 상품을 판매하다 보면 세금계산서를 요청하는 경우가 많다. 특히 기업에서 구매하거나 주문 수량이 많을 경우 대부분 세금계산서 발행을 원하는데 일반과세자는 세금계산서를 발행할 수 있어서 판매가 더 수월하다. 간이과세자의 장점은 일반과세자보다 세금면에서 혜택이 많고, 세무 관련 처리가 쉽다는 것이다. 하지만 CJmall, SSG닷컴 등 일부 종합쇼핑몰의 입점이 불가능하다는 단점도 있다. 처음에 간이과세자로 사업을 시작해도 중간에 세무서에 가서 일반과세자로 변경 신청할 수 있고 매출이 4,800만 원이 넘으면 부가가치세 신고 후 자동으로 변경되므로 본인의 현재 상황과 계획을 고려해 선택하면 된다.

▎개인사업자 vs. 법인사업자

사업자등록증은 크게 개인사업자와 법인사업자로 구분되는데, 법인은 설립 절차가 복잡하고 설립 비용이 들기 때문에 일반적으로 처음 사업을 시작할 때는 대부분 개인사업자로 등록한다. 다만 개인사업자의 경우 수익이 일정 수준 이상으로 커지면 당장 납부해야 하는 세율이 높기 때문에 이때는 법인사업자로 전환하는 것이 유리하다. 이는 회사마다 상황이 각기 다르므로 담당 세무사와 상의하여 결정하길 권한다.

직원은 어떻게 채용할까?

▎성장 단계별로 필요한 인력이 다르다

온라인 쇼핑몰 사업은 다음의 5단계를 거쳐 조직이 갖춰진다. 각 단계로 넘어가는 데 걸리는 소요 시간은 회사마다 다르기 때문에 예시한 기간은 매우 빠른 속도로 성장하는 회사의 경우라고 보면 된다.

❶ 대표 1인 체제

상품 소싱부터 상품 등록, 배송 관리, 정산, 고객 응대 등 모든 업무를 혼자서 처리한다. 단, 포토샵과 같은 웹 디자인 업무 기술이 미흡한 경우 상세페이지 제작은 외주를 맡긴다.

대표

❷ CS 직원 채용 단계(3개월)

상품 판매가 일정 수준 이상으로 늘어나면 고객 응대 직원이 별도로 필요해
진다. CS 직원은 전화 문의건(인바운드, 아웃바운드) 처리부터 쇼핑몰 게시판
관리, 배송 관리 업무를 맡게 된다.

❸ 웹디자이너 채용 단계(6개월)

대표는 주로 상품 소싱과 판매 등 영업과 정산 관련 업무에 집중한다. 소싱
상품이 증가할수록 웹디자이너를 채용하는 것이 외주를 맡기는 것보다 비
용면에서 효율적이다. 또한 일반적으로 웹디자이너를 채용하면 대표의 의
도가 더 원활하게 반영되어 상세페이지의 퀄리티가 높아지므로 일정 수준
이상으로 성장하면 웹디자이너를 영입하는 것이 여러모로 유리하다.

❹ 영업 직원 채용 단계(8개월)

대표가 상품 소싱에만 주력할 수 있도록 영업 직원을 영입한다. 상품 소싱
이 판매 업무보다 더 중요하고 어려운 일이므로 대표는 이에 집중하는 것이

사업 확장에 더 효과적이다.

❺ 조직 세분화 단계(1년 이상)

영업 조직이 상품 소싱과 판매로 나뉘고, 정산과 총무 업무를 위한 관리팀
이 생긴다. 개인적인 의견으로 이 시기가 되면 대표는 최대한 실무에서 손
을 떼는 것이 좋다고 생각한다.

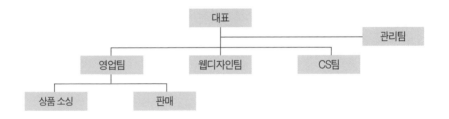

▍직원들의 업무량을 정확하게 파악한다

온라인 벤더를 운영하는 대표들과 이야기를 나누다 보면 일손이 부족해서
직원을 채용해야 한다는 말을 자주 듣는다. 나는 그럴 때마다 항상 같은 질
문을 한다. 일손이 부족한지 어떻게 판단하냐고. 그럼 대부분 기존 직원들
이 일이 너무 많다며 인원을 충원해 달라고 요청했기 때문이라고 대답한다.
그런데 직원들의 요청을 인력 충원의 기준으로 삼는 것이 합리적이라고 볼 수 있을까?

　온라인 벤더 사업은 조직 구조가 크게 영업, 웹디자이너, CS 세 가지로 구분되는데 이는 다른 산업과 비교하면 매우 단순한 구조다. 다시 말해 직원들의 업무량을 정량적으로 측정할 수 있기 때문에 관리하기 쉬운 구조인 것이다. 예를 들어 웹디자이너의 주요 업무는 상세페이지 제작과 상품 등록으로, 하루에 상세페이지를 제작해 등록할 수 있는 상품이 몇 개인지 대표가 정확하게 파악하고 있어야 한다. CS도 하루 동안 응대해서 처리할 수 있는 전화 문의와 게시판 관리 업무가 몇 건인지 알고 있어야 한다. 이렇게 직원들이 하루 동안 처리할 수 있는 업무량이 얼만큼인지 정확하게 파악하고 있으면 회사의 업무량이 어느 정도 늘어났을 때 직원을 채용해야 하는지, 또 신규 직원 한 명을 채용하면 어떤 효과를 기대할 수 있는지 명확하게 예측할 수 있다.

▮ 업무량은 스케줄표로 관리한다

대표가 직원들의 하루 업무 가능량을 파악하고 있으면 일주일마다 어떤 일을 얼마만큼 해야 하는지 목표를 부여할 수 있다. 직원들의 업무량을 스케줄표를 통해 관리하는 것이 중요한 이유는 대부분의 온라인 벤더사 대표들이 상품 소싱과 영업을 위해 외부 활동을 많이 하기 때문이다. 작은 회사의 경우 관리자가 따로 없고 주니어 직원들만 회사에 있다 보니 업무 관리가 안 되는 경우가 많다. 그런데 직원 개개인의 업무를 스케줄표를 통해 관리하면 대표는 자리를 비우게 되어도 마음 놓고 영업에 집중할 수 있다.

▎인력 충원이 필요한 최적의 시점을 찾는다

한 온라인 벤더사에 고객들의 문의 전화가 하루 평균 130건이 오는데 전화를 받는 CS 직원이 4명이고, 한 명당 하루에 30건을 처리할 수 있다고 가정하자. 당연히 CS팀 직원들은 전화가 너무 많이 와서 모두 처리할 수 없으니 직원을 더 뽑아달라고 요청할 것이다. 직원들의 업무량을 정량적으로 정확하게 파악하고 있지 않은 회사라면 아마도 신규 직원을 바로 충원할 것이다.

그런데 이때 응대할 수 없는 10건을 위해 지금 당장 충원하는 것이 옳은 것일까? 이 부분은 각 회사의 사정에 따라, 또 운영하는 상품의 종류에 따라 다르기 때문에 정답이 있다고 할 수는 없다. 이는 고객 만족과 비용의 효율성 사이에서 적절한 지점을 찾아야 하는 문제인데, 개인적으로 일반적인 상품을 운영한다면 무조건 모든 고객의 문의 건을 처리할 필요는 없다고 생각한다. 하지만 회사의 대표로서 고객 만족을 최우선으로 생각한다면 충원하는 것이 맞다. 내가 상조하고 싶은 것은 이런 상황이 닥쳤을 때 무턱대고 채용부터 하는 것이 아니라, 미리 세워 둔 명확한 채용 기준에 따라 채용 여부를 판단한 후에 채용을 진행해야 한다는 것이다.

Tip **CS 인력이 부족할 때의 해결책**

1. 상품 문의 전화와 배송 문의 전화를 구분해서 운영해라

앞서 설명한 것처럼 CS팀 직원이 하루에 처리할 수 있는 전화보다 걸려 오는 전화가 더 많다면 분명히 놓치는 전화들이 생기게 된다. 그 전화는 상품을 구매하기 전 상품 문의 건일 수도 있고, 구매 후 배송일 문의나 반품·교환 요청 건일 수도 있다.

고객의 상품 문의 전화는 제대로 응대하면 곧바로 상품 구매로 이어지기 때문에 매출에 영향을 미친다. 반품 요청이나 배송 문의 전화 등 상품 구매 후에 하는 전화들은 놓쳐도 대부분의 고객은 다시 전화를 하기 때문에 당장의 불만은 생길 수 있지만 매출에는 비교적 큰 영향을 주지 않는다. 그래서 판매자 입장에서는 상품 문의 전화가 더 중요하다고 볼 수 있다. 직원을 충원할 사정이 되지 못한다면 상품 문의 전화와 배송 문의 전화를 구분해서 운영할 것을 권한다. 일반적으로 고객들은 상품 상세페이지에 노출되어 있는 고객센터 전화번호로 전화하는데 상품 상세페이지에 서로 다른 전화번호를 노출하면 상품 문의 전화는 1건도 놓치지 않을 수 있다. 설령 그 번호로 걸려 온 전화 중에 받지 못한 전화가 있다면 발신자 번호 확인을 통해 고객에게 다시 전화해야 한다. 그렇게 하면 인원이 부족해서 소화하지 못하는 통화로 인한 매출 손실을 최소화할 수 있다.

2. CS팀의 고객 응대 전화량을 파악해라

요즘 대부분의 회사에서 인터넷 전화를 사용하는데 이런 경우 통신사에 요청하면 주 단위, 월 단위로 통화 내역 자료를 뽑을 수 있다. 물론 일정 비용이 발생하기도 한다. 이 자료를 보면 하루에 총 몇 건의 전화가 걸려 왔는지, 전화를 몇 건 받아 응대했는지, 전화를 몇 건 받지 못했는지를 확인할 수 있다. 직원들 자리마다 전화번호가 다르므로 직원별로 하루 동안 몇 건의 통화를 응대했고, 놓쳤는지 파악하기가 용이하다. 이 자료가 있으면 CS팀의 정확한 인바운드, 아웃바운드 업무량을 체크할 수 있다.

온라인 판매 사업을 한다는 것

사업 운영을 편리하게 해 주는
외부 서비스에 돈을 아끼지 않는다

▍이미지 저장 공간을 임대해 주는 이미지호스팅

온라인 벤더 사업을 할 때 거의 예외 없이 사용하는 외부 서비스가 있다. 바로 '이미지호스팅 서비스'와 '쇼핑몰 통합 관리 서비스'다. 두 가지 모두 업무의 효율을 높여 주는 필수적인 서비스이므로 사용하는 것이 유리하다.

이미지호스팅은 상품의 상세페이지와 같은 이미지를 외부 사업자의 서버에 저장해 놓고, 저장한 이미지 서버 주소의 링크를 통해 이미지를 보여 주는 서비스를 말한다. 소비자가 쇼핑몰에서 우리 상품을 클릭했을 때, 외부 서버에 저장해 놓은 상세페이지 이미지를 끌어와서 보여 주는 방식이다.

각 쇼핑몰에 상세페이지를 직접 저장하지 않고 이미지호스팅을 이용하는 이유는 첫째, 속도 때문이다. 상품 상세페이지는 이미지 용량이 크기 때문에 동시에 여러 명의 고객이 접속할 경우 페이지의 로딩 속도가 느려진

무료 업체	유료 업체
- 이베이 이미지호스팅(www.esmplus.com) 이베이(G마켓, 옥션)가 제공하는 무료 이미지호스팅으로 이베이와 경쟁 관계에 있는 업체에서는 사용할 수 없지만, 일반 쇼핑몰과 블로그 등에는 노출할 수 있다.	- 카페24(www.cafe24.com) - 메이크샵(www.makeshop.co.kr) - 고도몰(www.godohosting.com) - 후이즈(www.whois.co.kr) - 가비아(www.gabia.com)

다. 그런데 이미지호스팅 서비스를 이용하면 이미지가 별도의 서버에 저장되어 있으니 속도가 느려질 염려가 없다.

두 번째 이유는 쇼핑몰마다 이미지 등록 규정(사이즈, 용량 등)이 달라서 같은 상품이라도 각 쇼핑몰의 규정대로 상세페이지를 모두 다르게 제작해야 하는데, 이미지호스팅 서비스를 이용하면 상세페이지 하나를 모든 쇼핑몰에서 같이 사용할 수 있기 때문에 그런 불편함을 줄일 수 있다. 간혹 쇼핑몰에서 상품을 클릭했을 때 상품 사진 대신 흰 바탕의 사각 이미지 모서리에 'x'가 표시되어 나오는 경우가 있다. 이를 '엑박(엑스박스)'이라고 하는데 업로드한 이미지가 해당 쇼핑몰의 사이즈 규정에 맞지 않기 때문에 발생하는 현상이다. 이미지호스팅 서비스를 이용하면 이런 엑박 현상을 막을 수 있다.

세 번째 이유는 수정이 용이하기 때문이다. 이미지호스팅 서비스를 이용하면 상세페이지를 수정해야 하는 일이 발생했을 때 가각의 쇼핑몰에서 일일이 수정할 필요 없이 서버에 저장된 상세페이지 하나만 수정하면 모든 쇼핑몰의 상세페이지가 동시에 바뀌므로 훨씬 편리하다. 생각보다 상세페이지를 수정하거나 업데이트해야 하는 경우가 많으므로 이미지호스팅은 온라인 벤더에게 매우 유용한 서비스다.

이미지호스팅 업체 고도몰

이미지호스팅 업체 메이크샵

이미지호스팅 업체마다 제공하는 서비스가 조금씩 다르기 때문에 진행할 상품의 수, 예상 판매량 등을 고려해서 회사에 맞는 업체를 선정해야 한다. 보통 서버와 트래픽 용량에 따라 비용이 달라지므로 추후 매출이 커졌

을 때 어떤 업체를 이용하는 것이 가장 유리한지를 기준으로 선택한다. 또한 오랫동안 이용할 수 있는 안정적인 회사인지, 판매량이 증가했을 때도 비용이 합리적인지를 매우 중요하게 고려해야 한다.

만약 이미지호스팅 업체의 서비스에 문제가 생긴다면 회사에 매우 심각한 상황이 초래된다. 지금까지 큰 비용과 노력을 들여서 제작한 상품 이미지와 상세페이지를 모두 날려 버리게 될 수도 있기 때문이다. 그렇게 되면 모든 상품의 상세페이지에 엑박이 뜨면서 고객들이 이미지를 볼 수 없는 상태가 되고, 결국 한순간에 매출이 0이 된다.

이런 경우를 대비해 용량이 큰 외장하드를 마련하여 호스팅 업체의 서버에 업로드해 놓은 이미지와 상세페이지 데이터를 주기적으로 백업해야 한다. 흔한 경우는 아니지만 이런 일이 발생하면 회사의 손실이 너무 크므로 반드시 대비하자.

▌한 곳에서 여러 판매처를 관리할 수 있는 쇼핑몰 통합 관리 시스템

쇼핑몰 통합 관리 시스템이란 여러 개의 쇼핑몰에서 상품을 판매하는 온라인 벤더가 각 쇼핑몰의 판매자 페이지에서 따로따로 처리하던 업무들을 각 쇼핑몰 판매자 페이지와 연동된 하나의 시스템에서 통합적으로 관리할 수 있는 서비스를 말한다. 이 서비스를 이용하면 업무 효율이 높아지는데 가장 많이 이용하는 기능은 상품 일괄 등록, 주문 수집, 매출 분석, CS 관리 등이다.

도표 1-11 쇼핑몰 통합 관리 시스템을 통한 상품 등록 과정

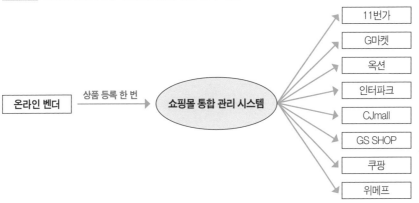

상품 일괄 등록은 판매 상품을 한 번만 등록해도 여러 개의 쇼핑몰에 전부 등록되는 기능을 말한다. 쇼핑몰마다 상품 등록 양식과 규정이 다른데 이 서비스는 모두 자동으로 맞춰 주므로 업무가 훨씬 수월해진다.

주문 수집의 경우 만약 어떤 상품을 20개의 쇼핑몰에서 판매한다고 가정하면, 주문을 확인하고 수집하기 위해 매일 아침 20개 쇼핑몰의 판매자 페이지에 일일이 접속해서 확인해야 한다는 번거로움이 있다. 또 쇼핑몰마다 주문 수집 양식이 다르기 때문에 제조사에 발주하려면 양식을 똑같이 맞추는 작업을 해야 한다. 그런데 쇼핑몰 통합 관리 시스템을 이용하면 사이트에 접속한 후 클릭 몇 번만으로 주문 수집을 동일한 양식으로 정리할 수 있다. 또한 제조사에 쇼핑몰 통합 관리 시스템의 하부 ID를 부여하면 벤더가 일일이 발주하지 않아도 제조사가 직접 해당 ID로 통합 관리 시스템에서 자사 상품의 주문을 수집할 수도 있다.

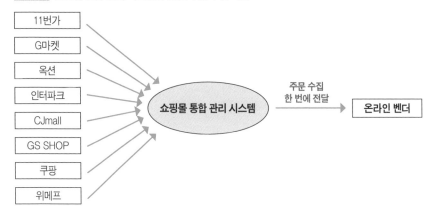

도표 1-12 쇼핑몰 통합 관리 시스템을 통한 주문 수집 과정

그 밖에도 여러 개의 쇼핑몰을 통합적으로 관리하는 데 필요한 다양한 서비스를 제공하므로 편리한 점이 많다. 사업 초반 소수의 상품을 한두 개의 쇼핑몰에서 판매할 때는 꼭 필요하다고 할 수 없지만, 판매 상품이 많아지고 운영하는 쇼핑몰의 수가 늘어나면 쇼핑몰 통합 관리 시스템은 선택이 아닌 필수다.

이미지호스팅 업체와 마찬가지로 업체마다 제공하는 서비스가 다르고 요금제 형태도 다양하므로 이것저것 꼼꼼하게 비교해 보고 선택해야 한다. 판매하는 상품과 카테고리에 따라 선호하는 서비스가 다르니 사신이 판매하는 상품에 적합한 업체로 선정해야 하며, 나중에 매출이 커졌을 때의 상황까지 고려해야 한다. 어떤 업체의 경우 초기 비용은 다른 업체들보다 저렴하지만, 매출이 어느 수준 이상으로 늘어나면 비용이 급격하게 증가하는 경우가 있다. 한 번 시스템이 정해지면 다른 업체로 변경하는 것은 매우 번

도표 1-13 쇼핑몰 통합 관리 시스템 업체별 특징

	사방넷	샵링커	플레이오토	이지어드민
주소	www.sabangnet.co.kr	www.shoplinker.co.kr	www.plto.com	www.ezadmin.co.kr
특징	- 연동 쇼핑몰이 250개 이상으로 최다 - 주문 수집 담당자 PC에 프로그램을 설치해야 함 - 의류나 화장품 등 옵션 종류가 많은 상품을 취급하는 온라인 벤더가 선호하는 편	- 별도의 프로그램 설치가 필요 없어 PC는 물론 스마트폰으로도 작업이 가능함 - 재고 관리 연동이 되는 SKU 버전이 있어서 재고 관리에 용이함 - 브랜드 기업이나 대형 온라인 벤더가 선호하는 편	- EMP라는 프로그램을 설치해야 하기 때문에 반드시 PC에서만 관리할 수 있음 - 사용 방법이 쉬움 - 가격이 저렴한 편 - 소형 온라인 벤더가 선호하는 편	- 주문 등록 기능이 없음 - 주문 수집, CS, 재고 관리에 특화된 서비스 제공 - 택배사 배송 관련 서비스를 제휴로 이용 가능
사용료	월 15만~40만 원	월 12만~300만 원	월 5만~15만 원	월 20만~200만 원
무료 체험	7일 제공	7일 제공	21일 제공	15일 제공

거로운 일이므로 신중하게 선택해야 한다. 업체마다 일정 기간 무료 체험의 기회를 제공하니 단기간 사용해 보고 선택하는 것도 좋은 방법이다.

안정적으로 매출을 올리는 '시스템'을 구축한다

▌남들보다 빠르게, 다양한 신상품을 확보하는 법

나는 창업을 하면서 사업이란 무엇인지에 대해 깊이 고민해 본 적이 있다. 이때 내가 내린 결론은 '사업은 돈을 버는 시스템을 만드는 일'이라는 것이다. 이와 달리 장사는 '돈을 버는 일' 그 자체다. 사업도 장사도 결국 '부의 극대화'라는 목적은 같지만, 어떤 일에 더 집중하는가가 사업과 장사의 차이점이라고 할 수 있다.

　나는 장사가 아닌 사업을 하려고 했기 때문에 수익 창출에 매진하기보다는 시스템을 만드는 데 집중해야 한다고 생각했다. 이런 점에서 내가 기존 벤더들이 했던 것과는 다르게 운영했던 것이 몇 가지 있는데 그중 대표적인 것이 상품의 매입 시스템이다. 대부분의 온라인 벤더 사업자들은 상품을 매입할 때 대금을 먼저 지급하고 상품을 사 오는 방식으로 거래한다. 하지만 나는 제조사와 신용거래(판매분 매입)하는 것을 원칙으로 했고, 이에 더해 자동 소싱 구조를 만들었는데 이 둘은 우리 회사의 가장 큰 경쟁력이었다.

자동 소싱 구조란 온라인 벤더가 협력사의 상품을 일일이 직접 소싱하는 것이 아니라 사업자의 요청이 없어도 제조사에서 알아서 상품을 공급하는 시스템을 의미한다. 협력사와의 거래를 자동 소싱 구조로 운영하면 협력사가 신상품을 출시할 때마다 직접 확인해 가며 소싱할 필요 없이 협력사에서 먼저 신상품을 제안하고 공급해 주니 업무가 훨씬 수월해진다. 또한 이미 판매하고 있는 상품들 중에서 판매율이 저조한 상품은 협력사에서 직접 체크하며 공급 물량을 조절하는 등 상품 관리까지 맡아서 해 주기도 한다.

상품 소싱은 보통 대표가 맡아서 할 만큼 중요하고 어려운 일인데, 이런 구조로 운영하면 다른 업체보다 더 빠르게 신상품을 공급받을 수 있으므로 유리하다. 즉 자동적으로 돈을 버는 시스템이 만들어지는 것이다. 나는 이렇게 사업 초기부터 협력사와 자동 소싱 구조를 구축함으로써 안정적으로 매출을 유지할 수 있었다.

이런 구조에신 벤더가 협력사의 온라인 판매 에이전시 역할을 하게 된다. 이것은 곧 협력사의 상품 일부만 선택적으로 소싱하는 것이 아니라 거의 전 상품을 소싱해서 판매하는 것을 의미한다. 대부분의 온라인 벤더들은 제조사로부터 물건을 소싱할 때 본인의 기준이나 감으로 판매가 잘될 것 같은 몇 개의 상품만 선택해 소싱한다. 많은 상품을 소싱하고 싶어도 상품의 매입 비용과 상세페이지 제작에 대한 부담 때문에 선택적으로 소싱하는 것이 일반적이다. 그런데 나는 사업 초반에 일단 상품 수를 늘리는 것에 집중했기 때문에 협력사에 상품 30개가 있으면 30개 전부를 소싱해 판매했다. 마치 업체의 에이전시처럼 말이다. 이는 신용거래를 했기 때문에 가능했던 일이다.

상품을 판매하다 보면 인기가 많을 것이라고 예상했던 상품이 판매율이 낮고, 전혀 예상하지 못했던 상품이 의외로 판매가 잘되는 경우가 꽤 많다. 어떤 상품이 히트할지 어느 정도 예측은 가능하지만 적중률이 생각보다 낮다. 모든 신상품은 각 제조사에서 여러 고민 끝에 히트 상품이 되리라는 기대를 하고 출시한다. 즉 모든 상품은 히트 상품이 될 수 있는 충분한 가능성을 가지고 있으므로 온라인 벤더 입장에서는 일단 판매할 상품을 많이 확보하는 것이 중요하다. 그런 점에서 벤더사가 협력사의 온라인 판매 에이전시 역할을 한다면 사업 초기에 큰 도움이 될 것이다.

CHAPTER 2

무엇을, 어떻게
팔아야 할까?

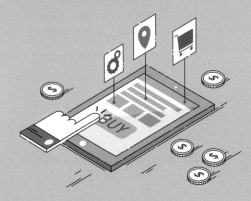

판매 상품을 찾아내는 안목이 성공의 결정적 요소다

좋은 상품을 저렴한 가격에 가져오는 법

가격이 상품의 운명을 가른다

포장과 배송이 고객 만족도를 좌우한다

좋은 상품을 좋은 조건으로 판매하는 가장 확실한 방법

판매 상품을 찾아내는 안목이
성공의 결정적 요소다

▌절대 실패하지 않는 상품 선정법

온라인 벤더 사업을 하겠다고 마음을 먹었다면 판매할 상품을 선정해야 하는데, 이를 정하는 것 또한 쉽지 않다. 일반적으로 평소 본인이 자주 구입해서 경험적으로 잘 안다고 생각하는 품목으로 결정하거나, 직장인이라면 본인이 지금까지 일했던 분야와 관련된 품목을 판매 상품으로 선정하는 경우가 많다. 저마다 판매 상품을 선정한 이유는 다르겠지만 선정하기 전 다음 여섯 가지 사항은 반드시 고려해야 한다.

본인의 관심사인가?

사업을 시작하기도 전에 판매 상품만 고민하다가 포기하는 사람들도 많다. 어렵고 복잡하게 생각할 필요 없이 판매 상품은 본인이 가장 관심 있는 카테고리에서 선정하는 것이 유리하다. 대부분의 사업은 본인이 흥미 있는 일을 할 때 성공률이 높다. 사업 자체도 처음이라 준비할 것도 많은데 관심도 없고, 경험한 적도 없고, 지식도 전혀 없는 아이템을 판매 상품으로 선정하면 그에 대한 자료 조사와 학습을 하는 데 시간과 에너지가 지나치게 많이 들어 지치기만 할 뿐이다. 또한 본인이 좋아하고 관심 있는 일을 해야 즐겁게 일할 수 있으므로 이는 매우 중요한 사항이다.

배송이 쉬운가?

사업 초반에는 배송이 쉬운 상품을 선택해야 한다. 부피가 너무 크지 않으며 일반 택배로 누구나 쉽게 발송할 수 있는 상품이 좋다. 예를 들어 신선식품의 경우 신선도를 유지하기 위해 드라이아이스, 아이스팩, 보냉백 등을 이용해 포장을 해야 하는데 드라이아이스는 노하우가 없으면 문제가 발생할 확률이 높다. 이것저것 신경 쓸 일 많은 사업 초반에는 불필요한 사고와 문제가 발생하지 않도록 예방하는 것도 중요하므로 위험 요소가 있는 품목은 일단 제외하는 것이 낫다.

성장률이 높은가?

앞서 1장의 '자본금 100만 원, 컴퓨터 한 대면 충분하다'에서 언급했듯이 가급적 성장률이 높은 카테고리를 선정하는 것이 유리하다. 1년에 2~3% 성장하는 카테고리에서는 경쟁사들보다 2배 높은 실적을 올려도 성장률이 4~6%에 불과하지만 1년 성장률이 20%에 달하는 카테고리에서는 평균 정도만 해도 연 20%의 성장을 이룰 수 있기 때문이다. 성장률이 높은 카테고리에 진입하면 평균만 따라가도 높은 성장률을 유지할 수 있으므로 성장률을 확인하고 판매 상품을 선정하자.

온라인 침투율이 낮은가?

온라인 침투율이란 특정 카테고리의 전체 시장 규모 대비 온라인 시장 규모를 의미한다. 얼핏 생각하면 침투율이 높은 카테고리가 유리하다고 여길 수 있다. 하지만 실제로는 침투율이 낮은 카테고리일수록 향후 높은 성장률이 기대되기 때문에 성장률은 높으면서 침투율은 낮은 카테고리를 선택하는 것이 좋다.

차별화가 가능한가?

온라인 시장에는 이미 수많은 상품이 존재한다. 내가 판매하고자 하는 상품을 나 혼자 독점할 수 있는 경우는 거의 없다. 하지만 소비자에게 조금이라도 더 본인의 상품을 어필하고 싶다면 다른 상품과 차별화되는 점이 하나라도 있는 것이 유리하다.

예를 들어 텔레비전을 판매한다고 가정해 보자. 보통 텔레비전은 대형 가전회사에서 생산하기 때문에 신규 사업자인 내가 원하는 스펙대로 상품을 맞춤 생산해 주지 않는다. 하지만 책상의 경우라면 다르다. 책상을 제조하는 업체는 작은 규모의 회사도 많으므로 나만의 디자인을 적용하는 것이 가능하다. 또한 금형으로 찍어 내는 상품이나 대형 제조사들이 기계로 만들어 내는 상품군에서는 나에게 좋은 아이디어가 있어도 이를 상품에 반영하는 것이 거의 불가능하다. 상품 변형 시 금형비 같은 큰 비용이 필요하기 때문이다. 하지만 손으로 만드는 상품은 아이디어만 있다면 얼마든지 상품에 반영할 수 있는 여지가 있으므로 차별화된 상품을 만드는 것이 가능하다.

차별화가 어렵다면 가격 경쟁력만으로 판매해야 하는데, 이렇게 되면 높은 이익률을 기대하기 어려울 뿐만 아니라 판매도 쉽지 않다. 따라서 조금이라도 남들과 다른 상품을 만들 수 있는 카테고리를 선정하는 것이 좋다.

시즌의 영향이 없는가?

온라인 쇼핑몰 사업의 장점은 판매가 한번 잘 되기 시작하면 특별한 일이 없는 이상 그 상태가 꾸준히 유지된다는 점이다. 이는 상품 판매가 잘될수록 노출도가 올라가고 상품평이 쌓이면서 선순환이 일어나기 때문이다. 하지만 시즌 상품이라면 상황이 달라진다. 시즌 상품의 경우 시즌이 지나면 아무리 좋은 상품이라도 판매가 급격히 줄어들고, 결국 매 시즌 유료광고나 이벤트 등을 통해 다시 매출을 올리기 위한 작업을 해야 한다. 물론 그렇게 한다고 해서 다음 시즌에도 이번 시즌만큼 매출이 높을 거라는 보장은 없다.

예를 들어 A 업체는 사계절용 침대 패드를 판매하고 B 업체는 여름용 쿨매트를 판매한다고 가정해 보자. 두 업체의 상품 모두 품질도 좋고 프로모션 노하우도 있어서 상위 매출을 올렸다. A 업체의 사계절용 패드는 월 매출이 1,000만 원이고 B 업체의 여름용 쿨매트는 1년 중 3개월만 판매하는

데 월 4,000만 원의 매출을 기록했다. 단순 계산을 해 보면 두 상품 모두 1년에 1억 2,000만 원의 매출을 기대할 수 있다. 다만 사계절용 패드는 추가적인 노력 없이 내년에도 월 매출 1,000만 원을 올릴 수 있겠지만, 여름용 쿨매트는 다음 시즌에 다시 상위 매출 상품으로 끌어 올리려면 많은 일을 다시 해야 한다.

이처럼 모든 조건이 같다면 시즌 상품보다는 사계절 상품이 온라인 벤더 사업에는 더 효율적인 아이템이 되는 경우가 많다.

▋ 상품 선정에 도움이 되는 사이트

• 쇼핑몰별 베스트 상품 페이지

쇼핑몰들은 대부분 '베스트 판매 상품' 코너를 마련해 두고 있다. 판매 상품을 선정할 때 이것만큼 확실하게 참고할 만한 자료는 없다. 베스트 상품은 다른 판매자들이 이미 많이 판매했고, 그만큼 상품의 품질이나 고객의 만족도면에서 검증이 되었다고 볼 수 있기 때문이다. 물론 베스트 상품을 그대로 판매할 수는 없다. 다만 이 코너를 보고 기존의 베스트 상품과 유사한 상품을 좀 더 저렴하게 판매한다든가 상품 자체를 좀 더 업그레이드할 수만 있다면 그것보다 확실한 기획은 없다는 뜻이다. 또한 트렌드를 파악하는 데도 가장 큰 도움이 된다.

쇼핑몰마다 베스트 판매 상품을 선정하는 기준이 다르고, 이는 일종의 영업 기밀이므로 정확한 로직을 알기는 어렵다. 그러나 일반적으로 각 쇼핑몰이 베스트 판매 상품을 선정하는 기준 중 가장 중요한 것은 '주문 건수'와 '주문 금액' 두 가지다. 주로 오픈마켓 형태의 쇼핑몰에서는 신규 고객 유입에 신경을 많이 쓰기 때문에 주문 건수에 비중을 많이 두고, 종합쇼핑몰 형태의 쇼핑몰은 주문 금액에 비중을 많이 두는 편이다. 그래서 오픈마켓의 베스트 상품을 보면 주로 저단가 상품이 많이 포진되어 있다는 것을 알 수 있다.

일부 쇼핑몰에서는 주문 건수와 주문 금액의 베스트를 나눠서 제공하기도 한다. 여기서 주의 깊게 봐야 할 것은 이러한 이유로 인해 쇼핑몰마다 베스트 상품이 다르다는 점이다. 가령 어떤 상품은 G마켓에서는 판매가 잘 되지만, GS SHOP에서는 그렇지 않다. 이는 특히 쇼핑몰의 형태(오픈마켓, 종합쇼핑몰 등)에 따라 큰 차이가 난다. 그래서 어떤 쇼핑몰 위주로 판매를 진행할 것인지에 따라 판매 상품 선정이 달라질 수밖에 없다. 쇼핑몰 형태에 따른 각각의 특징은 3장 '내게 딱 맞는 채널은 무엇일까?'에서 더 자세히 설명하기로 한다.

| GS SHOP 베스트 페이지

| G마켓 베스트 페이지

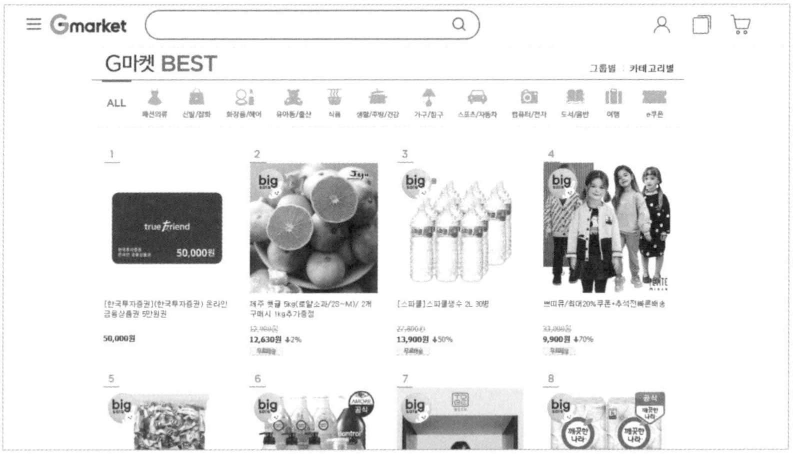

ⓒ 이베이코리아

• 네이버 데이터랩

판매 상품을 선정할 때 내가 잘 알고 좋아하는 것도 중요하지만, 현재 시장의 트렌드와 소비자들의 니즈 또한 무시할 수 없다. 이때 도움되는 사이트가 네이버 데이터랩(datalab.naver.com)이다. 네이버 데이터랩은 네이버에서 어떤 키워드가 얼마나 많이 검색되는지를 데이터로 제공하는 통계 사이트다. 검색어의 추이를 성별, 연령대별로 분석할 수 있으며 여러 검색어의 검색 추이를 기간별로 비교할 수도 있다. 그래서 전체적인 트렌드를 알고 싶을 때 참고하기 좋다. 특히 '데이터랩 홈' 탭에서 분야별로 어떤 키워드가 인기 있는지, 특정 키워드에 대해 어떤 성별과 연령대가 관심이 많은지 등을 확인할 수 있다는 점이 유용하다. 가령 가구·인테리어로 카테고리를 설정하면 2021년 1월부터 3월까지 3개월 동안 '게이밍 의자'가 검색어 상위에 올라와 있는 사실을 알 수 있는데, 이는 게이밍 의자에 대한 고객들의 관심과 수요가 많다는 의미다. 또한 '검색어 트렌드' 탭에서 내가 원하는 특정 상품이 얼마나 인기가 많은지를 확인할 수 있어 판매 예측에 도움이 된다.

| 네이버 데이터랩에서 분야별 인기 검색어 찾기

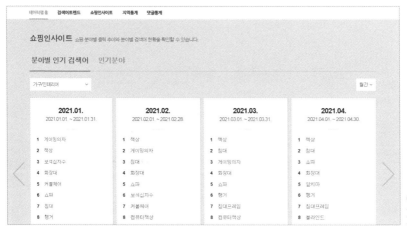

| 네이버 데이터랩에서 검색어 트렌드 찾기

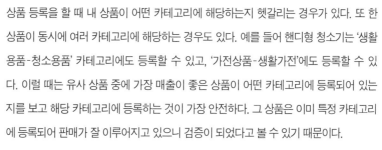

Tip 상품별 카테고리 선택법

상품 등록을 할 때 내 상품이 어떤 카테고리에 해당하는지 헷갈리는 경우가 있다. 또 한 상품이 동시에 여러 카테고리에 해당하는 경우도 있다. 예를 들어 핸디형 청소기는 '생활용품-청소용품' 카테고리에도 등록할 수 있고, '가전상품-생활가전'에도 등록할 수 있다. 이럴 때는 유사 상품 중에 가장 매출이 좋은 상품이 어떤 카테고리에 등록되어 있는지를 보고 해당 카테고리에 등록하는 것이 가장 안전하다. 그 상품은 이미 특정 카테고리에 등록되어 판매가 잘 이루어지고 있으니 검증이 되었다고 볼 수 있기 때문이다.

물론 반대의 경우도 있다. 만약 특정 카테고리의 경쟁이 너무 치열할 경우 의도적으로 경쟁이 덜 치열한 카테고리로 옮겨서 판매할 수도 있다. 예를 하나 들자면 쿨매트 방석(생활 카테고리)을 판매하는 회사가 방석 시장의 경쟁이 너무 치열해서 동일 상품을 애견 쿨매트(애견 카테고리)로 판매해서 성공한 경우도 있다. 발상의 전환이라 할 수 있겠다. 이렇듯 상품을 어떤 카테고리로 등록하는지에 따라 여러 가지 노출 조건이 달라지고, 이는 매출에 생각보다 큰 영향을 미치므로 카테고리의 선택은 매우 중요한 일이다.

• 해외 쇼핑몰

전문 벤더들이 상품을 기획할 때 가장 많이 참고하는 것 중 하나가 해외 쇼핑몰이다. 국내 많은 제조사들 또한 신상품을 기획할 때 반드시 해외 시장 조사를 한다. 아직도 해외(특히 미국이나 중국)에서 상품 박람회를 하면 국내 유수 기업의 상품기획자와 디자이너들이 적지 않은 비용을 들여 출장을 간다. 하지만 요즘은 멀리 해외까지 가지 않아도 해외 쇼핑몰을 통해서 쉽게 접근할 수 있는 상품이 많다. 해외 박람회에 참관한다면 인터넷 쇼핑몰에서 보는 것보다 조금 더 빠르게 신상품을 실물로 볼 수 있다는 장점이 있지만,

도표 2-1 미국, 중국, 일본의 대표 쇼핑몰

	업체명	사이트 주소	주요 거래 형태
미국	아마존	www.amazon.com	소매
	이베이	www.ebay.com	소매
중국	티몰	tmall.com	소매
	알리바바	www.alibaba.com	도매
	타오바오	world.taobao.com	소매
일본	라쿠텐	www.rakuten.co.jp	소매
	아마존재팬	www.amazon.co.jp	소매

엄청난 비용을 투자해 신상품을 개발하는 제조사가 아닌 이상 효율적인 측면에서 보면 인터넷 쇼핑몰을 보는 것만으로도 충분하다.

좋은 상품을 저렴한 가격에
가져오는 법

▍온라인 도매업체 소싱, 쉬운 만큼 전략이 필요하다

상품의 소싱처는 크게 상품을 직접 생산하거나 수입하는 제조사·수입사와 다양한 상품을 유통하는 도매업체 두 곳으로 분류할 수 있다. 두 소싱처의 장단점은 다음과 같다.

	제조사·수입사	도매업체
장점	- 가격 경쟁력 보유 - 협의에 따라 상품 기획 가능(상품 차별화) - 협의에 따라 신용거래 가능 - 판매 실적이 좋으면 독점 판매권 확보 가능	- 품목을 늘리는 데 유리(다품종 소량 소싱 용이) - 대부분 소싱처와 특별한 협의가 필요 없음 - 시간과 비용 절감 가능 - 배송 업무까지 해 주는 곳 있음(판매 대행)
단점	- 적은 물량으로는 소싱이 어려움 - 각각의 제조사를 찾아다녀야 하므로 　한 번에 다품종 상품의 소싱이 어려움	- 제조사에 비해 매입가가 다소 비쌈 - 다른 벤더들도 판매할 수 있는 상품이 대부분임 - 기획을 통한 상품 차별화 불가능

최근에는 온라인 도매업체가 활성화되어 많은 개인 판매자가 이곳들을 소싱처로 활용한다. 온라인 도매업체의 가장 큰 장점은 온라인으로 손쉽게 구매가 가능하다는 점인데, 일부 업체는 위탁 판매 형태로 운영하면서 배송 업무까지 해 주기도 한다. 이런 업체들은 상품 이미지와 상세페이지까지 제공하는 경우가 많으므로 상품 촬영과 상세페이지도 벤더사가 직접 제작할 필요가 없다. 대표적인 온라인 도매업체로는 도매꾹(domeggook.com), 오너클랜(ownerclan.com), 도매창고(wholesaledepot.co.kr), 도매매(domeme.com), 도매토피아(dometopia.com) 등이 있다. 상품 카테고리별로 도매업체 목록을 확인하고 싶다면 온라인 도매 사이트들을 모아 놓은 도매차트(domechart.com)가 유용하다.

그런데 온라인 도매업체를 통해 손쉽게 소싱이 가능하다는 것은 남들도 손쉽게 소싱할 수 있다는 의미이므로 상품 자체를 차별화하거나 가격 경쟁력을 갖추기가 쉽지 않다. 다시 말해 도매업체에서 어떤 상품을 소싱했다면 그 상품을 판매하고 있는 판매자가 이미 많다는 것을 전제해야 한다. 이렇게 되면 결국 가격 경쟁이 치열해질 수밖에 없고, 이는 벤더로서는 반갑지 않은 환경이 되는 것이다. 이런 경우 타 업체와 동일한 상품이더라도 제공받은 상품 이미지를 그대로 쓰지 않고 직접 촬영하거나 상세페이지를 새롭게 만드는 등 마케팅을 차별화해야 한다. 아니면 '로스 리더loss leader'로 판매하는 방법도 있다. 예를 들어 유사 상품 10개 중 9개는 플러스 마진으로, 나머지 1개는 마이너스 마진으로 설정한 다음, 마이너스 마진 상품을 대표 상품으로 내세우고 나머지 상품을 옵션으로 설정해 하나의 상품 코드로 운

도표 2-2 위탁 판매 도매업체의 프로세스

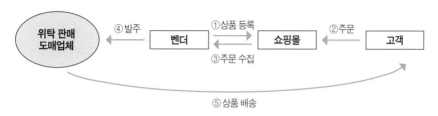

영하면서 소비자를 유인하는 방법이다.

　이런 단점에도 많은 벤더가 초기에는 주로 도매업체를 통해 소싱을 하는데, 그 이유는 제조사를 통한 소싱이 쉽지 않기 때문이다. 힘들더라도 제조사 소싱을 위주로 하면서 일부 품목의 확대와 판매 경험의 증진, 시장 조사 차원에서 도매업체를 통한 소싱을 서브로 운영하는 것을 추천한다. 왜냐하면 벤더가 성장하는 데 제조사 소싱은 큰 동력이 되기 때문이다. 도매업체에서 소싱을 하더라도 가급적 다른 벤더가 많이 판매하지 않는 숨어 있는 상품을 적극적으로 찾기 위해 노력하자.

제조사 소싱의 벽을 뛰어넘는 요령

제조사 소싱과 도매업체 소싱은 똑같이 '소싱'이라는 단어를 사용하지만, 사실 개념이 전혀 다르다. 도매업체 소싱은 어떤 면에서는 단순 매입에 가깝다. 도매업체 입장에서는 물건을 사겠다는데 팔지 않을 이유가 전혀 없는 것이다. 도매는 기본적으로 유통업이므로 상품 판매가 유일한 목적이며, 그렇기 때문에 도매업체는 벤더가 그들의 상품을 가져가서 얼마나 판매하는 지는 별로 관심이 없다.

반면 제조사 소싱은 회사로 직접 찾아가서 대표나 담당자를 만나 어려운 협의를 거쳐야 하는 경우가 많다. 벤더 사업 초기에는 많은 물량을 매입하는 것이 아니므로 제조사에서 썩 반기지 않기 때문이다. 나 또한 사업 초반에 제조사로부터 대여섯 번까지 거절당하는 경우가 허다했다. 심지어 나는 처음부터 신용거래를 요청했기 때문에 성사시키기가 더 어려웠다. 누군지도 모르는 사람한테 신용으로 상품을 납품해 달라고 설득하는 일은 당연히 쉽지 않다. 하지만 집요한 노력을 기울이니 불가능한 것도 아니었다.

업체와의 협의 시 한 가지 팁을 이야기하자면, 나는 사업 초반에 제조사를 설득할 때 "내가 6개월 안에 매출 2,000만 원을 넘기면 나에게 온라인 독점 판매권을 달라" 또는 "내가 3개월 안에 매출 1,000만 원을 넘기면 그 이후에는 신용거래를 해 달라"는 식의 제안을 많이 했다. 제조사는 나에 대한 정보도 없고, 내가 판매할 능력이 얼마나 되는지도 모르기 때문에 처음부터 내가 원하는 거래 조건을 이끌어 내기가 쉽지 않아서 사용한 방법이다.

이런 나의 제안은 꽤 설득력이 있었다. 제조사 입장에서 만약 내가 제안한 액수만큼의 매출을 만들어 낸디면 독점 판매권을 주거나 신용거래를 해 주는 것에 대한 거부감이 사라질 것이다. 그때는 벤더인 나에 대한 신뢰가 어느 정도 생긴 상태이기 때문이다. 또 만일 내가 제안한 액수만큼 판매하지 못한다고 해도 제조사로서는 신용거래를 하지 않고, 독점 판매권을 주지 않아도 되니 손해 볼 게 전혀 없다.

나 역시 판매 실적이 좋으면 신용거래 조건과 온라인 독점 판매권을 얻어서 좋지만, 만일 열심히 했는데도 판매가 저조하다면 굳이 안 팔리는 상품에 대해 독점 판매권을 취득할 필요가 없으니 크게 아쉽지 않다. 또 매출이 좋지 않으면 거래 금액도 많지 않기 때문에 신용거래의 의미도 없어진다. 결국 나의 제안은 사업 초기에 서로를 모르는 쌍방이 어떤 결과가 나와도 손해 보지 않는 조건이었던 셈이다. 단, 이런 제안은 구두로만 하지 말고 가능하면 계약서를 작성하는 것이 좋다. 제조사의 약속 불이행으로 피해를 호소하는 벤더들이 꽤 많기 때문이다.

무조건 안 된다고만 생각하지 말고 일단 내가 잘 판매할 수 있을 것 같은 상품을 만드는 제조사 딱 한 곳만 찾아가 설득에 성공해 보자. 그리고 실제로 잘 판매해 보자. 생각보다 유사 카테고리의 제조사 업계가 그리 크지 않다(실제로 유사 카테고리의 많은 제조사들이 한 지역에 몰려 있는 경우가 많다). 한 곳만 제대로 설득해서 상품을 납품받은 뒤 높은 매출을 달성해 내면 된다. 그리고 그 성공 사례를 활용하면 유사 카테고리의 다른 제조사들을 이전보다 훨씬 더 쉽게 설득할 수 있다. 또한 거래 조건도 한 곳만 내가 원하는 대로 잘 이끌면 그것이 하나의 기준이 되어 의외로 쉽게 많은 제조사가 동일한 조건으로 따라온다. 내 경우에도 수십 개의 제조사와 거의 동일한 조건(신용거래, 독점 진행, 제조업체가 배송 담당 등)으로 거래했다.

또한 제조사 직접 소싱의 경우 한번 협의가 잘 되고 판매까지 성공적으로 이루어지면 이후 제조사와의 협업이 원활하게 진행된다. 제조사는 자사 상품이 시장에서 좋은 반응을 얻는 것에 관심이 많으므로 매출 확대를 위한 상품의 개선, 차기 모델의 공동 개발 등 온라인 벤더가 상품을 판매하는 일에 적극적으로 협조하고 지원한다.

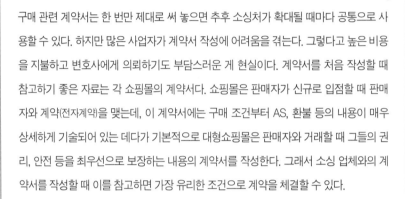

Tip 구매 관련 계약서 작성 노하우

구매 관련 계약서는 한 번만 제대로 써 놓으면 추후 소싱처가 확대될 때마다 공통으로 사용할 수 있다. 하지만 많은 사업자가 계약서 작성에 어려움을 겪는다. 그렇다고 높은 비용을 지불하고 변호사에게 의뢰하기도 부담스러운 게 현실이다. 계약서를 처음 작성할 때 참고하기 좋은 자료는 각 쇼핑몰의 계약서다. 쇼핑몰은 판매자가 신규로 입점할 때 판매자와 계약(전자계약)을 맺는데, 이 계약서에는 구매 조건부터 AS, 환불 등의 내용이 매우 상세하게 기술되어 있는 데다가 기본적으로 대형쇼핑몰은 판매자와 거래할 때 그들의 권리, 안전 등을 최우선으로 보장하는 내용의 계약서를 작성한다. 그래서 소싱 업체와의 계약서를 작성할 때 이를 참고하면 가장 유리한 조건으로 계약을 체결할 수 있다.

가격이 상품의 운명을 가른다

▌판매가는 어떻게 정해야 할까?

상품을 출시할 때 판매 가격을 정하는 것은 해당 상품의 성패를 좌우하는 매우 중요한 요소다. 특히 온라인 시장에서는 소비자들이 가격에 매우 민감하므로 그 중요성은 더욱 커질 수밖에 없다.

예전에 한 홈쇼핑에서 잠재 고객을 대상으로 '온라인 가구 쇼핑'에 대한 표적집단면접FGI, Focus Group Interview을 진행한 적이 있다. 문항 중에 "인터넷 쇼핑몰에서 가구를 구매하면 실물을 볼 수도 없고 만져 보지도 못하는데, 가격이 어느 정도 저렴해야 구매할 의향이 있는가?"라는 질문이 있었다. 이 질문에 대한 평균 답변은 "오프라인 매장보다 30% 이상 저렴하면 구매하겠다"였다. 아마도 질문이 가구에 대한 것이었기 때문에 소비자가 기대하는 할인율이 다른 상품보다 더 컸을 것이다. 하지만 소비자는 가구뿐만 아니라 대부분의 상품을 온라인에서 구매할 때 어느 정도의 불안감을 갖는다. 이런 불안감에 대한 보상이 저렴한 가격이므로 온라인 시장은 가격에 더욱 민감할 수밖에 없다.

아무리 매력적인 상품이라도 판매 가격이 합리적이지 않다면 소비자는 등을 돌린다. 상품의 판매 가격은 매우 중요한 만큼 판매 가격을 정하는 방법과 노하우가 꽤 다양한데, 가장 일반적인 공식은 다음과 같다.

> **판매 가격 = 공급가 + 비용(수수료+마케팅+부가 서비스+세금+배송) + 마진**

제조사나 도매업체로부터 상품을 공급받은 가격에 총비용과 원하는 마진을 더해서 판매 가격을 산출하는 방법이다.

비용은 수수료, 마케팅 비용, 배송비처럼 상품을 판매할 때마다 변하는 변동비와 인건비와 임대료처럼 일정 기간 동안 변하지 않는 고정비로 나뉜다. 변동비와 고정비를 합해서 평균 비용이라 하며 평균 비용은 물건을 많이 판매할수록 낮아진다. 그래서 평균 비용을 줄이면 그만큼 판매 가격도 낮게 책정할 수 있다.

▌어떻게 가격을 낮추면서도 마진을 남길 수 있을까?

남들과 똑같은 방법으로 해서는 절대 성공할 수 없다. 거듭 강조하지만 남들이 넘지 못한 벽을 하나라도 넘어야 성공한다. 특히 판매 가격은 소비자가 상품을 구매할 때 가장 중요하게 생각하는 요소이므로 가격을 조금이라도 더 낮추는 방법에 대한 고민이 필요하다. 앞서 설명했듯이 대부분의 벤더사는 상품의 판매 가격을 정할 때, 상품 매입가에 쇼핑몰 수수료, 마케팅비 등 각종 비용을 더하고 여기에 원하는 마진을 추가하는 방식을 사용한다. 하지만 나는 이와 반대로 판매 가격을 먼저 책정한 뒤 기준으로 삼은 마진율을 적용했다. 처음부터 최저가로 판매할 수는 없다. 소비자에게 어필할 수 있는 판매 가격을 정한 다음, 역산해서 상품 매입가부터 쇼핑몰 수수료까지 각 항목의 비용을 맞춰야 한다. 쉽지 않았지만 판매 가격을 낮추기 위해 각 항목의 비용을 줄였던 방법을 소개한다.

제조사와 협의해 매입 원가 낮추기

상품의 매입 원가는 제조사와 협의를 통해 낮출 수 있지만 특별한 이슈가 있지 않고서는 절대 쉽지 않다. 나는 제조사와 협의할 때 "온라인 쇼핑몰에서는 초반에 노출 점수 쌓이는 것이 중요하니 초기 물량 100개만 공급가를 낮게 맞춰 달라"고 요청했다. 신상품은 초기에 시장 진입을 잘해야 향후 판매가 원활하게 이루어지므로 이 점을 공략한 것이다. 제조사에서는 나의 제안을 예상보다 쉽게 받아들였다. 초기에 마진이 거의 없어도 판매가 잘 되면 나중에 수익을 올릴 수 있기 때문이다. 특히 많은 제조사가 시장 반응이 좋으면 초기 물량 100개가 다 판매되고 난 이후에도 상품 공급가를 그대로 유지해 줬다. 가격을 올리면 판매량이 줄어들 수도 있으므로 제조사는 가격을 올리는 대신 다른 방법으로 자신의 마진을 만든 것이다. 또 제조사들은 마진을 남기는 것도 중요하지만, 판매되는 물량도 중요하기 때문에 전략적인 협의를 한다면 매입 원가를 낮추는 것이 전혀 불가능한 것만은 아니다.

택배사와 협의해 택배비 절감하기

택배비는 가격이 정해져 있기 때문에 사업 초기부터 절감하기는 어렵다. 하지만 물량이 일정 수준 이상으로 늘어나면 택배회사의 대리점들과 협의를 통해 어느 정도 절감하는 것이 가능하다. 택배비는 수량이 천 단위, 만 단위로 늘어나면 부담이 커지며 소비자들은 무료 배송인지 아닌지에 대해서도 민감하므로 물류비를 줄이는 것은 생각보다 매출에 큰 영향을 미친다.

쇼핑몰과 수수료 협상하기

쇼핑몰마다 다르지만 수수료를 낮출 수 있는 쇼핑몰이 있다. 또 수수료를 낮출 수 있는 시기도 각기 다르다. 어떤 때는 A 쇼핑몰에서 수수료 인하가 가능하고, 어떤 때는 A 쇼핑몰은 안 되지만 B 쇼핑몰에서 수수료 인하가 가능하다. 그래서 주기적으로 각 쇼핑몰의 MD와 소통을 해야 유리한 조건을 잡을 수 있다. 또한 다수의 소비자들은 가격 비교를 통해 상품을 구매하므로 모든 쇼핑몰에서 상품의 가격을 낮출 필요는 없다. 상품 노출을 잘해 주거나 수수료를 인하해 주는 등 가장 협조를 잘해 주는 쇼핑몰 한 곳에서만 최저가로 만들면 내 상품이 상품군에서 최저가가 된다.

마진의 기준선 지키기

판매 가격을 낮추기 위해 마진을 줄이는 것은 좋은 방법이 아니다. 상품을 판매하다 보면 내 마진을 조금 낮춰서 최저가로 만들고 싶은 유혹이 수도 없이 찾아온다. 하지만 마진의 기준을 정하고 그 기준 이하로는 절대 타협하지 말아야 한다.

예를 들어 기준 마진율을 10%로 정해 놓았다고 하자. 현재 마진율이 10%이고 매입가가 1만 원, 현재 판매가가 1만 2,000원이다. 그런데 경쟁업체의 상품이 최저가인 1만 1,800원으로 우리보다 2배 이상의 판매율을 보이고 있다. 이런 경우 나도 마진율을 2% 낮춰서 240원 적은 1만 1,760원에 판매해 최저가로 매출을 2배 이상 늘리고 싶을 것이다. 하지만 그렇게 운영하면 안 된다. 2%를 어떻게 해서든지 마진이 아닌 다른 비용에서 절감해야 한다. 제조사에서 상품을 200원만 싸게 공급받든지, 쇼핑몰 MD를 설득해 수수료를 낮추든지 해서 기준 마진은 꼭 지켜야 한다.

오래전에 제조사는 마진이 없어서 공급가를 낮춰 줄 수 없다고 하고, 쇼핑몰 수수료도 이미 최저로 받은 상태라 막막했던 적이 있다. 당시 나는 제조사와 거래하는 원자재 업체까지 찾아가서 사정을 설명하고 "당신이 자재 비용을 낮춰 주면 내가 상품을 더 팔 수 있게 되어 제조사가 당신에게 자재를 더 매입하게 될 것이다. 그렇게 되면 당신의 매출이 늘어날 수 있으니 우리 제조사에 일정 물량이라도 좀 할인해서 공급해 달라"며 설득했다.

만약 일을 쉽게 하려고 했다면 10%의 마진을 8%로 낮출 수도 있었겠지만, 나는 그렇게 하지 않았다. 마진을 2% 낮췄다면 마진율은 낮아져도 매출이 올라서 해당 상품의 이익은 크게 올랐을 것이다. 그런데도 내가 그 방법을 선택하지 않았던 이유는 마진을 낮추면 단기적으로 이익은 오를 수 있지만 회사의 경쟁력이 높아졌다고 할 수는 없기 때문이다. 반면 상품을 남들보다 낮은 가격으로 매입한다는 것은 그 자체로 회사의 경쟁력이 높아졌다고 볼 수 있고 이러한 경쟁력은 장기적으로 이익을 만들어 낼 수 있는 힘이 된다.

포장과 배송이
고객 만족도를 좌우한다

▌포장은 상품의 첫인상이다

소비자들은 온라인에서 상품을 구매할 때 주로 상품평을 참고하는데, 상품평에 가장 많이 등장하는 의견은 포장과 관련된 것이다. 그만큼 소비자들은 포장 상태에 매우 민감하며 상품을 확인하기도 전에 포장에서부터 상품의 만족과 불만족이 갈리기도 한다.

소비자 입장에서 포장은 자신이 구입한 상품에 대한 첫인상과도 같다. 택배를 받았을 때, 상품이 담겨 있는 상자나 봉투가 파손되어 있으면 아무리 상품이 좋아도 만족감을 느끼지 못한다. 반면 가격이 저렴한 상품이지만 포장을 꼼꼼하고 성의 있게 했다는 것이 느껴진다면 만족감이 훨씬 커진다. 그만큼 판매자는 소비자가 감동할 정도는 아니더라도 어느 정도 만족을 느낄 수 있도록 포장에 최대한 신경 써야 한다.

'최소 비용'으로 '최대 안전'하게

포장재를 선택할 때 가장 우선시해야 할 부분은 상품의 안전이다. 아무리 디자인이 예뻐도 상품이 파손될 우려가 있다면 좋은 포장재가 아니다. 또한 상품이 여러 개일 경우 안전하게 포장하려면 상품마다 따로따로 포장하는 것을 원칙으로 해야 한다. 상품을 각각 개별 포장한 다음 스티로폼이나 에어캡 같은 완충재를 이용해 상품 간의 충격을 최소화한 후에 큰 포장 박스에 넣어 배송하는 것이 가장 안전한 방법이다.

판매자는 포장에 드는 비용을 최대한 줄이고 싶을 것이다. 특히 사업 초기에는 판매 물량이 많지 않아 포장 비용이 부담스러울 수밖에 없다. 포장 비용을 조금이라도 줄이고 싶다면 상품의 특징에 따라 저렴한 포장재를 선택하면 된다. 예를 들어 의류처럼 외부 충격으로 파손될 우려가 없는 상품이라면 가격이 비싼 종이 박스보다는 조금 더 저렴한 봉투로 포장하면 된다. 또한 포장 용품은 대량으로 구매하면 단가를 낮출 수 있으므로 월 단위로 판매 수량을 계산해 한 번에 최대한 많이 구매하는 것이 낫다.

포장을 홍보 수단으로

앞서 말했듯이 소비자에게 포장은 상품에 대한 첫인상이다. 포장을 어떻게 하느냐에 따라 소비자에게 깊은 인상을 심어 주어 재구매로 이끌 수도 있고, 한 번의 구매로 그치게 할 수도 있다. 그만큼 포장은 홍보 및 마케팅 수단으로서 중요한 역할을 한다.

포장을 홍보 수단으로 사용하는 가장 일반적인 방법은 포장 박스에 회사로고를 새기는 것이다. 또 포장 박스에 물방울무늬처럼 특정 패턴을 넣기 위해 따로 제작하는 업체도 있고, 홍보 문구를 기재한 엽서나 스티커를 자체 제작해 포장에 활용하는 경우도 있다. 이때 주의할 점은 무조건 독특하게 하는 것보다는 판매하는 상품의 이미지와 잘 어울려야 한다는 것이다.

홍보 효과를 오랫동안 지속하기 위해 자체 제작한 에코백이나 쇼핑백으로 먼저 포장을 한 뒤 포장 박스에 넣는 방식으로 이중 포장 하는 방법도 있다. 매번 하기에는 비용면에서 부담스럽지만 특별한 이벤트를 진행할 때 활용해 볼 만하다.

포장을 홍보 수단으로 활용하고 싶은데 어떻게 해야 할지 감이 오지 않는다면 인기가 많은 대형 쇼핑몰이나 경쟁업체 몇 곳에서 직접 쇼핑을 해 보는 것이 좋다. 상품을 주문하고 배송을 받아 어떻게 포장했는지 자세히 살펴보면 참고할 만한 점들이 보일 것이다.

▎고객 불만의 대부분은 배송에서 나온다

소비자들이 전화나 게시판으로 가장 많이 하는 문의는 배송과 관련된 것이다. 온라인 쇼핑의 단점 중 하나는 오프라인과 달리 구입한 상품을 바로 받을 수 없다는 점인데, 그런 만큼 상품의 품질 이상으로 중요한 것이 빠른 배송이다. 배송이 빠를수록 소비자들의 만족도가 높아진다.

가구처럼 부피가 큰 상품은 제조사에서 배송까지 담당해 주지만, 대부분은 판매자가 택배업체를 선정해 배송을 관리한다. 택배업체는 일반 택배와

제3자 택배로 구분되는데 각각의 특징은 다음과 같다.

가격이 저렴한 일반 택배

일반 택배는 벤더사들이 가장 많이 하는 배송 방법으로 판매자가 직접 우체국, CJ대한통운, 옐로우캡 등 택배사의 가까운 영업소에 연락해 택배를 계약한다. 장점은 택배업체가 다양한 만큼 선택권이 넓고 계약 절차가 간단하다는 점이다.

1건당 택배 가격은 기본적으로 배송 물량이 1개월에 100건 이상일 때 우체국, CJ대한통운, 한진같이 규모가 큰 택배사들은 3,000원이고 KGB, 로젠, 옐로우캡 등 브랜드 인지도가 조금 낮은 택배사들은 2,500원 정도 된다. 매출이 적은 사업 초기에는 단가 협상이 어렵지만 1일 출고량이 20개 이상이 되면 조정이 가능하다. 상품의 무게가 적게 나간다거나 부피가 작다는 점, 파손될 우려가 낮다는 점 등을 강조하면 조금이라도 단가를 낮출 수 있으니 미리 어필할 수 있는 상품의 특징을 파악해 두는 것이 좋다.

일반 택배의 단점은 상품의 파손이나 분실, 오배송 등의 문제가 발생했을 때 즉각적인 처리가 불가능하다는 점이다. 택배 기사들은 대부분 낮에 배송을 하기 때문에 통화 연결이 어렵다. 그래서 고객이 클레임을 걸어도 바로 응대할 수 없다 보니 판매자 입장에서는 난처한 경우가 많다.

배송 업무를 도맡아 해 주는 제3자 택배

제3자 택배는 판매 상품의 재고를 택배사의 창고에 보관하면서 그곳에서

온라인 판매 사업을 한다는 것

상품 검수부터 포장, 배송까지 전담하는 방식을 말한다. 택배 1건당 일정 비용을 지불하면 발주 수량과 관계없이 책임지고 발송해 주는 시스템이다.

장점은 판매자가 판매 활동에만 전념할 수 있고, 상품의 파손이나 오배송 등의 문제가 발생하면 전적으로 택배사에서 책임을 진다는 점이다. 배송 업무를 택배사에 위탁했으므로 배송에 대한 모든 관리 책임을 택배사가 지는 것이다. 또한 상품 검수부터 세트 구성, 재고 관리까지 전문적으로 담당해 주므로 판매자는 배송 업무에 대한 부담을 줄일 수 있다. 다만 전체 물량이 일정 수준 이상이 되어야 거래가 가능하다.

좋은 상품을 좋은 조건으로 판매하는
가장 확실한 방법

▌제조사부터 만족시켜라

사업을 운영할수록 '선택과 집중'이라는 말이 얼마나 중요한지 실감하게 된다. 그렇다면 벤더 사업은 어디에 우선순위를 두고 집중해야 할까?

당연한 이야기지만 벤더사는 유통회사이므로 상품을 구매해 주는 고객이 중요하며 고객에게 집중해야 한다. 그런데 나는 조금 다르게 생각했다. 앞서 말했듯 우리 회사는 제조사의 온라인 에이전시임을 자처했다. 그렇다면 상품을 구매해 주는 고객 이전에 자신들의 소중한 상품을 온라인 마켓이라는 큰 시장에서 도맡아 판매할 수 있게끔 우리를 믿고 공급해 주는 제조사(소싱처)가 제1고객이 아닐까?

한마디로 우리에게는 고객이 둘 있는데 그중 제1고객을 제조사, 제2고객을 상품을 구매해 주는 소비자로 본 것이다. 일단 제1고객인 제조사를 만족시키면 협업이 잘 돼서 좋은 상품을 더 좋은 조건에 판매할 수 있고, 그럼 자연스럽게 상품을 구매하는 소비자까지 만족시킬 수 있게 된다. 따라서 무엇보다 제1고객인 제조사를 만족시키는 것이 우선되어야 한다.

사업을 하다 보면 많은 관계자가 생긴다. 벤더 사업의 경우 대표적인 관계자는 상품의 소싱처인 제조사, 상품을 판매하는 쇼핑몰, 그리고 상품을 구매하는 고객이다. 이들과 관계가 좋아야 사업에 성공할 수 있는데, 그렇다면 이들과 좋은 관계를 맺기 위해서는 어떻게 해야 할까? 이들이 원하는 것을 모두 맞춰 준다면 회사는 이익을 보기 힘들다. 이들이 궁극적으로 원하는 것이 무엇인지 명확히 파악하고 그 부분만 충족시켜 준다면 나머지 부분은 벤더사가 유리한 쪽으로 유도할 수 있다.

일단 제조사가 온라인 벤더에게 궁극적으로 원하는 것은 두 가지다. 첫째는 자사 상품을 많이 판매하는 것이고, 둘째는 판매 대금 결제를 정확하게 하는 것이다. 제조사들은 판매 대금 결제에 매우 민감하다. 그 이유는 꽤 많은 제조사가 벤더사와 신용거래를 하다가 판매 대금을 받지 못한 경험을 빈빈하게 겪었기 때문이다. 나 역시 제조사들로부터 온라인 벤더와 거래했다가 대금을 받지 못했다는 이야기를 심심치 않게 들었는데, 이 점이 초기 벤더사가 제조사와 좋은 조건으로 거래를 트는 데 큰 장벽이 된다.

어떤 차별점으로 어필해야 무책임한 벤더사한테 대금을 떼인 경험이 있는 제조사를 설득할 수 있을지 잘 생각해 봐야 한다. 나의 경우 브랜드 라이선스가 설득의 무기가 되었다. 브랜드 라이선스란 상표권자와의 계약을 통해 일정 비용을 내고 우리 상품에 유명 브랜드를 붙여서 판매할 수 있는 권리를 말한다(이 부분은 6장의 '상품에 브랜드를 입혀 고객에게 안도감을 준다'에서 좀 더 자세히 설명하겠다). 제조사에 자사 상품이 일반 상품이, 아닌 브랜드 상품으로 판매될 것이라는 점을 어필했는데 당시에는 온라인 시장에서 브랜드를 활용하는 사례가 거의 없었기 때문에 꽤 효과가 있었다.

또 나는 사업 초기에 제조사 대표들을 만날 때마다 항상 회사 소개서, 개인의 약력을 정리한 파일, 사업 계획서를 준비해 가서 보여 주었다. 사업 계획서에는 내가 어떤 사업 철학을 갖고 있고, 앞으로 어떻게 회사를 운영해 나갈 것인지를 기입했다. 여태껏 제조사 대표들에게 이런 자료를 보여 준 벤더사가 한 곳도 없었기 때문에 나에 대한 신뢰감을 쌓는 데 어느 정도 도움이 되었다. 사소해 보이는 일이었지만 벤더에 대한 제조사의 편견과 장벽을 깨뜨리는 데 꽤 효과적이었다.

이렇듯 제조사에 어필하는 무기는 다양하며, 중요한 것은 좋은 제조사일수록 이미 수많은 벤더의 러브콜을 받았을 가능성이 높기 때문에 남들과 차별화되는 무언가를 반드시 준비해야 한다는 점이다.

CHAPTER 3

내게 딱 맞는
채널은 무엇일까?

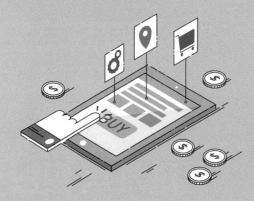

상품 전문가가 되기 전에 채널 전문가가 돼라

자사 쇼핑몰, 꼭 필요할까?

상품 전문가가 되기 전에
채널 전문가가 돼라

▌판매 채널을 낱낱이 파악해야 하는 이유

나는 창업하기 전에 홈쇼핑과 대형 온라인몰에서 MD 일을 꽤 오랫동안 했다. MD는 말 그대로 상품 기획자다. 하지만 내가 일해 본 바로는 MD는 오히려 상품보다는 시장에 더 집중한다. 조금 과장하면 MD는 '상품 전문가'라기보다는 '특성 시장(채널)의 전문가'라고 하는 편이 더 적합하다. 그만큼 상품을 기획하는 일과 판매 채널을 파악하고 분석하는 일은 관련성이 매우 높다고 할 수 있다.

상품을 기획할 때 흔히들 착각하는 것이 있다. 상품을 잘 만들기만 하면 판매가 저절로 이루어질 것이라고 생각하는 것이다. 그래서 많은 벤더가 상품에만 지나치게 집중하다가 실패를 경험한다. 상품을 기획할 때는 좋은 상품을 만들려고 하기보다는 잘 팔리는 상품을 만들려고 해야 한다. 이렇게 말하는 이유는 좋은 상품이 어디에서나 항상 잘 팔리는 것은 아니기 때문이다. 이유는 간단하다. 소비자는 내 상품만 보고 구매하는 것이 아니라 수많은 유사 상품들을 함께 보고 비교해서 구매한다. 결국 절대 우위보다는 상대 우위에 집중해야 한다는 것이고, 그러기 위해서는 시장 현황을 꿰뚫고 있어야 한다.

신상품을 특정 채널에 출시하려고 한다면 적어도 상품을 기획하기 전에 그 특정 채널에 유사 상품으로 어떤 것들이 있는지, 얼마에 판매되고 있는지, 또 각각의 상품들이 어느 정도의 매출 실적을 올리고 있는지 등을 매우 상세하게 파악해야 한다. 그래야 상품을 어떤 식으로 기획해서 얼마에 판매하면 어느 정도의 매출이 발생할지 예측할 수 있다.

상품을 기획하기 전에 어느 채널에서 주로 판매할 것인지를 먼저 정해야 한다. 채널마다 주 고객과 특성이 다르기 때문에 히트 상품도 다를 수밖에 없다. 가령 백화점에서 판매가 잘 되는 상품과 마트에서 판매가 잘 되는 상품이 다르다는 것은 누구나 아는 사실이다. 같은 온라인 쇼핑몰이라도 오픈마켓과 종합쇼핑몰은 주 고객과 특성이 달라서 백화점과 마트만큼의 차이는 아니더라도 각 채널의 히트 상품을 보면 판매율이 높은 상품의 종류가 매우 다르다는 것을 쉽게 알 수 있다. 물론 더 상세하게 접근하면 같은 오픈마켓이라도 채널별로 작지 않은 차이가 있다.

예를 들어 내가 150만 원짜리 고급 가죽 소파를 기획했다면 이는 종합쇼핑몰에서 판매하는 것이 현명하다. 왜냐하면 오픈마켓은 고객의 연령층이 종합쇼핑몰보다 낮아서 고가의 상품보다는 저가 상품 위주로 판매가 되기 때문이다. 또한 고가 상품은 가격대가 있다 보니 판매량이 적을 수밖에 없는데 종합쇼핑몰은 사이트에 상품을 전시할 때 판매 금액이 높은 상품 위주로 노출하는 반면, 오픈마켓은 판매 수량을 기준으로 노출하는 경우가 많으므로 고가 상품이 전시 순위에서 차선으로 밀리는 손해를 볼 수밖에 없다. 고가 상품의 경우 무이자 혜택이 중요한 요소인데 오픈마켓은 종합쇼핑몰에 비해 전반적으로 무이자 혜택이 적은 편이다. 그리고 무엇보다 대기업이 운영하는 종합쇼핑몰에 대한 신뢰 때문에 고가 상품은 오픈마켓보다 종합쇼핑몰에서 실적이 더 우수한 편이다. 따라서 판매할 상품을 기획하기 전에 우선 이러한 채널별 특성과 차이점을 고려해서 채널을 선택하고, 그 후에 해당 채널에서 어떤 고가 가죽 소파들이 어떤 조건에 얼마나 판매되고 있는지를 상세하게 살펴봐야 한다.

이처럼 판매 채널마다 장단점이 있고, 판매자마다 처한 상황과 강점이 전혀 다르기 때문에 자신에게 딱 맞는 판매 채널을 찾는 것이 매우 중요하다. 판매 상품과 판매 채널 간의 합이 잘 맞아야 판매가 원활하게 진행되므로 판매 상품을 기획하기 전에 판매 채널의 특징을 명확하게 파악하자.

오픈마켓의 특징

오픈마켓은 온라인 쇼핑몰 사업을 시작하는 사람이라면 다들 거치는 코스로 인식될 정도로 판매자들이 가장 많이 이용하는 판매 채널이다. 직접 쇼핑몰을 개설해서 운영하는 것보다 오픈마켓에서 판매를 시작하는 것이 투자해야 하는 시간과 비용적인 면에서 훨씬 부담이 덜하기 때문이다.

오픈마켓은 이름처럼 판매자와 구매자 모두에게 열려 있는 온라인 중개몰을 말한다. 개인과 소규모 판매업체 등이 온라인상에서 자유롭게 상품을 거래한다는 의미로 '중개형 쇼핑몰'이라고도 불린다. 대표적인 오픈마켓으로는 G마켓, 옥션, 11번가, 인터파크 등이 있으며 판매업체는 오픈마켓에 판매 금액의 8~12% 정도의 판매 수수료를 지급한다.

오픈마켓의 가장 큰 장점은 입점하는 과정과 절차가 매우 쉽고 간단해서 창업 경험이 전혀 없는 초보자도 쉽게 접근할 수 있다는 것이다. 사업 초반에 자본금이 적어도 얼마든지 입점과 판매가 가능하며, 입점만 하면 바로 판매 활동을 시작할 수 있다. 또한 오픈마켓은 각종 매체를 활용한 고비용의 마케팅을 통해 꾸준히 모객 활동을 하기 때문에 판매자가 고객 유입에 대한 걱정을 할 필요가 없다. 정산 주기는 소셜커머스보다 빠른 편이다.

오픈마켓의 가장 큰 단점은 진입 장벽이 낮은 만큼 가격 경쟁이 매우 치열하다는 것이다. 상품 수와 종류가 워낙 많고 동일한 상품들끼리 경쟁을 하기 때문에 판매 가격이 낮아진다. 그리고 이미 카테고리별로 시장이 견고하게 형성되어 있기 때문에 선점 업체의 견제가 심한 편이다. 오픈마켓에서 상품을 판매하려면 키워드 광고, 전시 입찰 광고, 리스팅 광고 등의 광고 활동은 거의 필수라고 할 수 있는데, 광고비와 부가 서비스 등의 마케팅 비용이 점점 커지고 있다는 점도 판매 채널 선택 시에 염두에 두어야 한다.

정리하자면 오픈마켓은 누구나 쉽게 적은 자본금으로 시작할 수 있기 때문에 쇼핑몰을 운영한 경험이 없는 사람, 상품 소싱을 해 본 경험이 없는 사람, 직장이 있는 상태에서 부업 정도로 가볍게 시작하려는 사람 등에게 적합한 판매 채널이라고 할 수 있다.

▎소셜커머스의 특징

쿠팡, 티몬, 위메프가 대표적인 소셜커머스 업체로 모바일 중심의 판매 채널이다. 소셜커머스는 SNS를 통해 특정 상품의 구매를 원하는 사람들을 모으고 목표 인원에 도달하면 해당 상품을 할인된 가격에 판매하는 공동구매 방식으로 서비스를 시작했다. 이후 MD의 주관하에 MD가 선정한 상품을 일정 기간 특가에 판매하는 '소셜딜'이 주력이 되었다가 최근에는 자체 유통상품의 비중이 높아지고 있다. 수수료는 딜을 등록할 때 지급하는 등록비와 판매 금액에 대한 판매 수수료가 있으며 판매 수수료는 3~15% 정도다.

　소셜커머스는 모바일 시장과 함께 급성장했지만 수익성 악화로 인해 사업 모델이 바뀌고 있다. 우선 티몬과 위메프는 사업 모델이 '관리형 오픈마켓'으로 전환되는 난세다. 소셜딜, 타임세일 등의 소셜커머스의 장점은 유지하면서 오픈마켓처럼 각 사업자가 상품을 판매하도록 플랫폼을 제공하는 것이다. 이렇게 사업 모델이 바뀌면서 점차 오픈마켓과 소셜커머스의 구분이 모호해지고 있다.

　쿠팡은 소셜딜을 없애고 오픈마켓처럼 판매자들이 직접 상품을 등록하고 판매하는 방식을 도입했다. 빅데이터 분석을 통해 판매자가 따로 홍보 활동을 하지 않아도 고객이 원하는 상품을 등록하면 판매가 되는 시스템도 갖추었다. 2014년부터 상품을 납품업체에서 직접 매입하는 직매입 비중을 크게 늘렸는데, 이렇게 되면 상품 가격이 전부 매출로 계산되므로 이후 쿠팡의 매출액은 크게 증가했다. 쿠팡은 밤 12시에 주문해도 다음 날까지 배송해 주는 로켓배송뿐만 아니라 익일 아침 배달을 보장하는 로켓와우, 신선식품을 새벽에 배달해 주는 로켓프레시 등 다양한 판매 방식을 도입하며 브랜드 인지도를 높이고 있다.

▌ 스마트스토어의 특징

요즘 온라인 쇼핑몰 사업을 하는 판매자들 사이에서 네이버 스마트스토어에 대한 관심이 매우 높다. 수수료가 저렴하고 자사만의 스토어라는 강점 때문이다. 스마트스토어는 쇼핑몰과 블로그의 장점을 결합한 블로그 형식의 쇼핑몰이라고 생각하면 된다. 오픈마켓이 상품 중심의 판매 채널이라면 스마트스토어는 별도의 상점 공간을 운영할 수 있다는 점에서 약간의 차이가 있다. 자사 쇼핑몰을 운영하고 싶어도 초기 구축 비용과 운영 비용이 만만치 않아 시도하기가 쉽지 않은데, 스마트스토어는 별도의 운영 비용이 발생하지 않기 때문에 자사 쇼핑몰을 운영하지 못하는 아쉬움을 어느 정도 채울 수 있다. 네이버쇼핑과 자동 연동되지만 네이버쇼핑을 통해 상품이 판매되면 2%의 수수료가 발생한다.

스마트스토어의 가장 큰 장점은 판매 채널 중에서 수수료가 가장 낮다는 점이다. 판매 수수료는 무료이며 네이버페이 결제 수수료와 네이버쇼핑 매출연동 수수료만 발생하기 때문에 판매자 입장에서는 부담 없이 운영할 수 있다. 특히 초기 판매자에게는 12개월 동안 결제 수수료를 무료로 지원해 주는 '제로 수수료'라는 특혜까지 제공한다. 네이버의 다양한 판매 영역과 검색 결과에 판매 상품을 노출할 수 있어 고객의 접근이 용이하며, 네이버 페이 포인트가 적립되므로 마케팅 측면에서 활용하기에도 좋다. 가입 절차도 판매 채널 중 제일 간단하다. 개인 판매자로 등록할 경우 핸드폰만 있어도 가능하다.

▌종합쇼핑몰의 특징

종합쇼핑몰은 오프라인으로 따지면 백화점과 형태가 유사하다. 백화점은 상품의 품목별로 담당 MD가 있고, 해당 MD가 외부 업체 선정부터 관리까지 직접 담당하는데 종합쇼핑몰도 마찬가지다. 카테고리별로 상품 구매를 담당하는 MD가 있으며 쇼핑몰 자체 기준에 따라 외부 업체를 선정하는 일부터 최종 납품을 결정하는 일까지 MD가 직접 결정한다. 그래서 입점 기준이 매우 까다로우며 MD의 권한이 크기 때문에 MD와의 관계가 중요하다.

　종합쇼핑몰의 장점은 입점 자체가 끼다로운 만큼 경쟁자가 제한적이라 쇼핑몰 내에서의 경쟁이 비교적 심하지 않다는 점이다. 또한 주로 대기업에서 운영하기 때문에 구매자들에게 신뢰도가 높아 고가 상품의 판매율이 오픈마켓보다 높은 편이다. 재정 상황이 좋기 때문에 매출 채권을 안정적으로 회수할 수 있다는 점도 판매자 입장에서는 안심이 된다.

도표 3-1 온라인 쇼핑몰 채널별 특성

	오픈마켓	종합쇼핑몰	소셜커머스	스마트스토어
가격대	저가	중고가	중저가	중저가
고객 연령층	20~30대 초반	30~40대	20~30대 초반	20~30대 초반
고객 특성	가격에 민감함	신뢰도를 중시함	배송 기간에 민감함	적립 포인트에 민감함
주요 매출 발생 경로	키워드 검색	이벤트	딜	키워드 검색
상품 리스팅 기준	판매량(수) 비중 높음	판매 금액 비중 높음	판매량(수) 비중 높음	판매량(수) 비중 높음
수수료	8~12%	18~30%	3~15%	3~6%

단점은 입점 업체를 선정하는 기준이 매우 높고 절차가 까다롭기 때문에 쉽게 진입할 수 없다는 것이다. 초보 창업자나 매출 규모가 작은 업체는 입점이 거의 불가능하다. 또한 오픈마켓보다 판매율이 떨어지며 대량 판매가 일어나지 않으므로 저가 상품을 대량으로 판매하는 업체에는 적합하지 않을 수 있다. 기업의 이미지에 신경을 많이 쓰는 만큼 고객 관리가 매우 철저하므로 판매자는 고객 서비스에 더 많은 신경을 써야 한다.

종합쇼핑몰은 오픈마켓보다 판매 수수료가 비싼 편이지만 그만큼 쇼핑몰 자체에서 광고나 홍보를 해 주고, 쿠폰 발급과 무이지 수수료 등의 다양한 혜택을 제공한다. 판매자는 상품을 등록하고 납품하는 일 외에 다른 부분은 신경 쓸 필요가 없다는 점이 장점이다. 대표적인 종합쇼핑몰로는 GS SHOP, CJmall, Hmall, SSG닷컴 등이 있다.

사실 온라인 쇼핑몰의 채널별 특성을 일반화하는 것은 무리가 있다. 따라서 어떤 상품을 기획하고자 하면 각각의 판매 채널에 실제로 들어가서 특성을 파악하는 것이 좋다. 이때 가장 참고하기 좋은 것은 카테고리별 히트 상품, 베스트 100 등이다. 가구를 예로 들면 종합쇼핑몰에서 가구 카테고리 베스트를 보면 고가 상품 비중이 꽤 높은 반면 오픈마켓에서는 주로 의자, 서랍장 같은 소품 가구 비중이 훨씬 높다는 것을 확인할 수 있다.

자사 쇼핑몰,
꼭 필요할까?

▌ 자사 쇼핑몰이 없어도 되는 이유

온라인 쇼핑몰 사업을 하는 사람 중에는 자사 쇼핑몰이 꼭 있어야 한다고 생각하는 경우가 꽤 많다. 자사 쇼핑몰이 있어야 대형 쇼핑몰에 휘둘리지 않고 안정적으로 상품을 판매할 수 있고, 무엇보다 판매 수수료를 절감해 이익을 증대시킬 수 있다고 생각하기 때문이다. 하지만 나는 여기에 동의하지 않으며 그 이유는 다음과 같다.

기존의 훌륭한 쇼핑몰을 활용하는 것이 더 낫다

시중에는 벤더가 활용할 수 있는 훌륭한 쇼핑몰이 많다. 나는 사업 초기에 약 20개 정도의 쇼핑몰에서 판매 활동을 했는데 훌륭한 쇼핑몰의 조건을 갖춘 곳만을 선택했다. 그 조건 중 하나는 매출 채권 회수를 고려해 재정 상

온라인 판매 사업을 한다는 것

098

황이 좋은 대기업 계열의 쇼핑몰이나 글로벌 기업 계열의 쇼핑몰이어야 한다는 것이었다. 또 다른 하나는 방문하는 고객 수가 많아 좋은 상품을 등록했을 때 매출을 올리기 유리한 쇼핑몰이어야 한다는 것이었다. 나는 이 두 가지 조건을 충족하는 쇼핑몰에서만 상품을 판매하는 동안 자사 쇼핑몰이 없는 것에 대한 불편함과 부족함을 전혀 느끼지 않았다.

가격 경쟁력을 확보하는 것이 생각만큼 쉽지 않다

많은 사람이 자사 쇼핑몰과 관련해서 오해하는 것이 한 가지 있다. 자사 쇼핑몰을 만들면 쇼핑몰 수수료가 나가지 않아 이익률을 높이거나 상품의 가격 경쟁력을 확보할 수 있다는 것이다. 결론부터 말하자면 이는 사실이 아니다.

자사 쇼핑몰에서 상품을 판매하면 수수료가 발생하지 않는 것은 맞다. 하지만 벤더가 대형 쇼핑몰에 내는 수수료에는 그들이 부담하는 여러 가지 비용이 포함되어 있다. 이 비용은 크게 변동비와 고정비로 나눌 수 있는데 먼저 변동비에는 카드 수수료 비용이 있다. 소비자가 신용카드로 결제를 하면 카드사에 보통 3% 이상의 수수료를 지불한다. 그리고 무이자 할부 비용이 있다. 가령 무이자가 12개월이라고 하면 10%에 가까운 높은 무이자 수수료를 부담해야 한다(이는 종합쇼핑몰에 해당하는 내용이다. 오픈마켓은 무이자 할부 비용을 판매자가 수수료와 별도로 부담한다). 또 할인쿠폰 비용이 있다. 가령 종합쇼핑몰의 판매 수수료가 25%라고 가정해 보자. 쇼핑몰에서 10%의 할인쿠폰을 붙였다면 쇼핑몰 입장에서 15%의 마진이 생길 것이고, 여기에 카드 수수료와 무이자 수수료까지 더하면 실제 마진은 2~3% 정도에 지나지 않는다. 오픈마켓의 경우에는 수수료가 낮은 대신 할인쿠폰, 무이자 할부 수수료 등을 대부분 판매자가 직접 부담한다.

변동비 외에도 고정비가 들어가는데, 고정비 중에서 가장 중요한 것은 쇼핑몰 광고비다. 앞에서 언급한 것처럼 판매자 관점에서 좋은 쇼핑몰이란 고객이 많아서 내 상품을 많이 판매할 수 있는 쇼핑몰이다. 즉 쇼핑몰은 끊임없는 홍보 활동을 통해 고객을 계속 늘려나가야 하는데 그러기 위해서 비용이 많이 들 수밖에 없다. 그 외의 고정비에는 서버비, 시스템 유지 보수비 등이 있다.

이처럼 변동비와 고정비가 높기 때문에 실제로 대형 쇼핑몰들은 영업 이익이 마이너스인 경우가 꽤 많다. 그나마 이익이 나는 몇 안 되는 쇼핑몰마저도 판매 수수료가 아닌 판매자들이 집행하는 광고비로 부족한 이익을 충당하고 있는 실정이다. 이런 점들 때문에 자사 쇼핑몰을 만들어서 상품을 판매한다고 하더라도 대형 쇼핑몰에서 판매하는 것보다 가격 경쟁력을 갖기가 쉽지 않고, 같은 가격에 판매하더라도 수수료를 절감한다는 것은 어려운 일이다.

언젠가는 쇼핑몰들이 판매 수수료를 올려서 자신들의 마진을 높이는 날이 올 수도 있다. 하지만 현재 상황으로는 대형 쇼핑몰 긴의 경쟁이 워낙 치열하기 때문에 당분간은 현 상태가 유지될 것으로 보인다. 설령 상황이 바뀐다고 하더라도 쇼핑몰을 구축하는 데 생각보다 시간이 오래 걸리지 않으니 미리 준비해 둘 필요가 없다.

┃ 자사 쇼핑몰을 만들어야 하는 경우

자사 쇼핑몰을 무조건 만들지 말라는 것은 아니다. 다만 비용 절감의 이유만으로 자사 쇼핑몰을 꼭 만들 필요는 없다는 것이다. 그렇다면 자사 쇼핑몰은 어떤 필요와 이유가 있을 때 만들어야 할까?

기업 가치를 높여야 할 때

회사가 일정 규모 이상으로 성장하면 자사 쇼핑몰이 있는지 없는지의 여부에 따라 기업의 가치가 달라진다. 자사 쇼핑몰이 있으면 기업 가치를 더 높이 평가받을 수 있다.

예를 들어 연 매출이 똑같이 100억 원인 두 회사 A와 B가 있다고 가정하자. A라는 회사는 자사 쇼핑몰 없이 종합쇼핑몰과 오픈마켓에서만 상품을 판매하고, B라는 회사는 자사 쇼핑몰에서 상품을 판매한다. 만약 A 회사의 기업 가치가 50억 원이라면 B 회사의 기업 가치는 A보다 1.5배에서 2배 이상 높게 평가받을 것이다. 두 회사의 매출이 똑같다고 하더라도 B회사는 자사 쇼핑몰, 즉 플랫폼의 가치를 더 높게 인정받기 때문이다. 기업 가치를 높이는 데 플랫폼만큼 좋은 것은 없다.

특히 투자회사 입장에서는 자사 쇼핑몰의 유무가 기업의 가치를 평가하는 데 있어서 중요한 기준이 된다. 아무리 수백억대의 매출을 올리는 회사라도 브랜드, 히트 상품, 플랫폼같이 경쟁력을 가늠할 수 있는 무형 자산이 없다면 투자 매력도가 감소할 수 있다.

브랜드 콘셉트를 만들어야 할 때

자사 쇼핑몰이 있고 매출까지 좋다면 브랜드 콘셉트를 잡아 나가는 데 큰 도움이 된다. 종합쇼핑몰이나 오픈마켓에서는 수많은 판매자의 다양한 상품이 동시다발적으로 판매되기 때문에 소비자에게 내가 판매하는 상품의 브랜드 콘셉트나 정체성을 명확하게 전달하는 것이 쉽지 않다. 하지만 자사 쇼핑몰이 있으면 브랜드 콘셉트에 맞게 사이트를 디자인할 수 있고, 쇼핑몰에는 자사 상품만 모여 있으므로 자체 브랜드의 콘셉트를 발전시키는 데 훨씬 수월하고 효과적이다.

홍보 마케팅에 활용하고자 할 때

자사 쇼핑몰이 있으면 홍보 마케팅 측면에서도 도움이 된다. 종합쇼핑몰과 오픈마켓에서만 상품을 판매하면 자체 브랜드가 있어도 소비자에게 브랜드를 각인시키기가 쉽지 않다. 하지만 자사 쇼핑몰이 있고, 쇼핑몰의 회원 수가 많으면 더 다양한 방법으로 홍보 마케팅 활동을 펼칠 수 있다.

  정리하자면 나는 벤더 사업 초기부터 자사 쇼핑몰을 만드는 것은 추천하지 않는다. 운영하는 상품의 수가 많이 늘어나고 상품의 콘셉트를 만들어 나가고 싶을 때, 자사 쇼핑몰을 구축해서 실제로 매출을 더 키울 수 있는 자신과 능력이 있을 때, 많은 고객을 끌어올 수 있을 때 만들어도 늦지 않다. 결국 성장 정도에 따른 문제인 것이다.

온라인 판매 시업을 한다는 것

CHAPTER 4

실전!
입점 과정 따라 하기

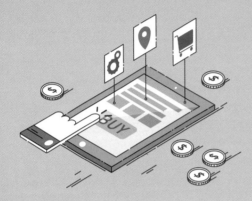

창업 초보자도 쉽게 접근할 수 있는 오픈마켓 입점하기

특가 이벤트의 강자 소셜커머스 입점하기

무료로 나만의 쇼핑몰을 만들 수 있는 스마트스토어 입점하기

고객에게 신뢰감을 줄 수 있는 종합쇼핑몰 입점하기

창업 초보자도 쉽게 접근할 수 있는 오픈마켓 입점하기

온라인 쇼핑몰 사업의 가장 큰 장점은 조금 과장해서 컴퓨터 한 대만 있어도 시작할 수 있다는 점이다. 참고로 노트북으로도 얼마든지 업무가 가능하지만, 데스크톱에 듀얼 모니터를 설치하면 여러 가지 자료와 이미지를 수시로 확인하면서 작업해야 하는 업무의 특성상 효율을 높일 수 있다.

컴퓨터를 준비했다면 1장 '온라인 쇼핑 창업, 어디서부터 시작할까?'에서 설명한 사업자등록증, 통신판매신고증, 구매안전서비스 이용확인증 등의 서류를 다시 한번 잘 챙기도록 하자. 이제 모든 준비를 마쳤으니 자신이 선택한 판매 채널에 입점하기만 하면 된다.

오픈마켓에서 상품을 판매하려면 판매자 회원으로 등록해야 한다. 만약 해당 오픈마켓에 이미 구매 회원으로 가입되어 있다면 구매자용 ID를 판매자용 ID로 전환하면 된다. 이를 '셀러 전환'이라고 한다. 가입되어 있지 않다면 판매자 회원으로 신규 가입을 한다.

옥션, G마켓, 11번가 등 각 오픈마켓에서 셀러 전환하는 방법이나 판매자 회원으로 신규 가입하는 방법은 거의 유사하므로 가장 대표적인 오픈마켓인 G마켓에서 판매자 회원으로 등록하는 방법을 알아보자.

• 셀러 전환 방법

❶ G마켓에서 셀러 전환을 하려면 일단 본인 명의의 휴대폰, 공인인증서, 통장이 필요하다. 이 준비물을 갖춘 뒤 G마켓(www.gmarket.co.kr)에 로그인한 후 화면 우측 상단의 본인 이름을 클릭한다.

❷ 그럼 '회원정보 설정' 페이지로 바뀌는데, 화면 가장 아래로 스크롤을 내리면 회원 전환 메뉴가 나온다. 파란색 [전환하기] 버튼을 클릭하면 상품을 구매하는 개인 구매 회원에서 상품을 판매할 수 있는 개인 판매 회원으로

전환된다.

③ 그다음은 판매 회원 가입 단계로 회원약관 동의 화면이 나온다. 모든 약관을 읽어 보고 체크 표시를 한 후 [확인] 버튼을 클릭한다.

❹ 다음 단계로 계좌번호, 주소, 공개 미니샵 이름 등 판매자의 정보를 입력하는 화면이 나오는데 항목별로 실수 없이 기재하면 된다. G통장은 G마켓 전용 사이버계좌로 일반 비밀번호와 동일한 번호로 사용할 수 없으니 기억하기 쉬운 번호로 설정한다. 공개 미니샵 이름은 구매자 페이지에 표시되는 상점 이름이므로 판매자 본인이나 판매 상품의 특징이 잘 드러나는 이름으로 정하자. [확인] 버튼을 클릭하면 G마켓 셀러 전환이 완료된다.

• 사업자 전환 방법

오픈마켓에서 개인 판매자로 판매 활동을 하다가 6개월 이내 10건 이상의 판매 또는 600만 원의 매출을 달성하면 사업자로 전환해야 한다. 판매 실적이 이에 못 미치더라도 세금계산서 발행이나 회사 운영상 등의 이유로 사업자로 전환해야 하는 경우도 있다.

사업자 전환 방법은 매우 간단하다. 이미 개인 판매회원 ID가 있다면 사업자 판매회원 가입 창에서 [회원전환] 버튼을 클릭하면 되고, 기존에 ID가 없다면 [회원가입] 버튼을 클릭하면 된다. 이후 절차는 앞서 설명한 셀러 전환 방법과 동일하며, 몇 가지 서류를 추가로 업로드하거나 우편 발송하면 된다. 사업자로 전환하기 위해 준비해야 하는 서류는 다음과 같다.

	필수 서류
이베이코리아	- 사업자등록증 사본 - 통신판매업신고증 사본
옥션	- 사업자등록증 사본 - 통신판매업신고증 사본
11번가	- 사업자등록증 사본 - 통신판매업신고증 사본 - 개인인감증명서 사본(최근 3개월 이내 발급본) - 대표자 명의 통장 사본

특가 이벤트의 강자
소셜커머스 입점하기

가장 대표적인 소셜커머스 업체인 쿠팡에 입점하는 방법에 대해 알아보자. 쿠팡에서 상품을 판매하는 방식은 두 가지로 구분된다. 한 가지는 쿠팡이 납품업체로부터 물건을 직접 매입한 후 물류창고에 보관했다가 고객의 주문이 들어오면 '로켓배송'을 하는 것이다. 다른 한 가지는 판매자가 상품 등록부터 고객의 주문 발생 시 택배회사를 통해 배송하는 것까지 모든 업무를 직접 담당하는 것이다. 일반적인 '오픈마켓'의 운영 방식과 동일하다고 보면 된다. 후자의 방법으로 판매자가 직접 상품을 등록하고 판매하려면 일단 '마켓플레이스'에 입점해야 한다. 마켓플레이스에 입점하기 위해 준비해야 할 서류와 입점 프로세스는 다음과 같다.

입점 신청   판매자 계정 생성   상품 등록   사업자 인증 (필요시 구비서류)   입점 완료

	개인사업자	법인사업자
필수 제출 서류	- 사업자등록증	- 사업자등록증
쿠팡 요청 시 제출 서류	- 통신판매업 신고증 - 통장 사본 - 채권포기 확약서(공동대표인 경우) - 채권포기자의 인감증명서(공동대표인 경우)	- 통신판매업 신고증 - 통장 사본

❶ 서류를 모두 준비하면 쿠팡 홈페이지(www.coupang.com)에 접속한 후 화면 상단 좌측에 있는 [입점신청] 버튼을 클릭한다. 그러면 오픈마켓, 여행·

티켓, 로켓배송, 제휴마케팅 네 가지 항목이 나오는데, 그중 [오픈마켓]을 선택한다.

❷ 쿠팡 마켓플레이스(marketplace.coupangcorp.com) 창이 열리면 화면 좌측 중앙에 있는 [입점 신청하기] 버튼을 클릭한다.

❸ 좀 더 자세하게 입점에 대한 안내를 받고 싶다면 스크롤을 내려 화면 아래에 있는 입점 관련 매뉴얼을 확인하면 된다. 입점과 관련해서 궁금한 점이 있다면 화면 우측 상단에 있는 전화번호(02-3671-5353)로 연락해 문의를 하면 된다.

©쿠팡

❹ 판매자 계정을 생성하는 화면이 나타나면 사용할 아이디와 비밀번호, 이름, 이메일 주소를 입력하고 본인 인증 후 [약관 동의하고 가입하기]를 클릭한다.

©쿠팡

❺ [상품등록 하기] 버튼을 눌러 판매할 상품을 등록한다. 아직 판매할 상품이 없다면 [사업자 인증하기]로 넘어간다. 사업자등록번호를 입력하고 사업자 정보와 정산계좌 등 필요한 정보를 입력한다. 사업자등록증과 통신판매업신고증은 구비해 두었다가 온라인으로 파일 첨부하고 나면 입점이 완료된다.

무료로 나만의 쇼핑몰을 만들 수 있는 스마트스토어 입점하기

온라인에서 상품을 팔고 싶은데 쇼핑몰이 없다면 네이버 스마트스토어를 개설하여 자사 쇼핑몰을 만들 수 있다. 스마트스토어 가입 시 동의 절차를 통해 간편하게 네이버쇼핑에도 입점할 수 있다. 네이버쇼핑에 입점하면 모바일 쇼핑판, 통합 검색, 쇼핑 윈도에 상품이 노출된다. 즉 동시 입점으로 스마트스토어 쇼핑몰과 네이버쇼핑을 통해 노출과 판매가 이루어지는 것이다.

오픈마켓과 소셜커머스에 입점하는 것도 어렵지 않지만 스마트스토어는 컴퓨터 없이 스마트폰만 있어도 가능할 만큼 더 쉽고 간단하다. 스마트스토어의 판매자는 개인, 사업자, 해외 사업자 세 가지 유형으로 구분되며 유형별로 준비해야 하는 서류와 입점 절차는 다음과 같다.

판매자 유형	세부 분류	필수 제출 서류
개인	성인	없음
	미성년자 (만 19세 미만)	- 법정대리인 동의서 사본 1부 - 법정대리인 증명서(가족관계증명서 등) 사본 1부 - 법정대리인 인감증명서 사본 1부
사업자	개인사업자	- 사업자등록증 사본 1부 - 대표자 인감증명서(또는 대표자 본인서명사실확인서) 사본 1부 - 대표자 혹은 사업자 명의 통장(또는 계좌개설확인서, 온라인통장표지) 사본 1부
	법인사업자	- 사업자등록증 사본 1부 - 법인 인감증명서 사본 1부 - 법인 명의 통장 사본 1부
해외 사업자	해외거주 사업자	- 대표자 여권 사본 1부 - 사업자등록증(미국의 경우 IRS 서류) 사본 1부 - 사업자 또는 법인 명의 통장(해외계좌 인증 서류 가능) 사본 1부

❶ 판매자 유형에 따른 필수 제출 서류를 준비했다면 네이버 홈페이지 (www.naver.com)에 접속한 후 화면 하단에 있는 [스토어 개설] 메뉴를 클릭한다.

❷ 네이버 스마트스토어센터로 연결되어 [판매자 가입하기] 버튼을 클릭하면 판매자 유형을 선택하는 창이 나온다. 사업자등록증을 이미 발급받은 상태라면 바로 사업자를 선택해도 되지만, 아직 사업자 등록을 하지 않은 상태라면 우선 개인 판매자로 가입한 후 나중에 사업자로 전환하면 된다. [판매자정보] 탭에서 [사업자 전환] 메뉴를 클릭해 간단하게 전환할 수 있다. 개인 판매자의 경우 6개월 평균 10건 이상의 판매와 600만 원의 매출을 달성하면 사업자로 전환해야 한다.

❸ 판매자 유형을 [개인]으로 선택하면 휴대폰 본인인증 절차가 나온다. 이 때 본인 명의의 휴대폰으로만 인증이 가능하다.

❹ 휴대폰 인증을 마친 후에는 네이버 아이디로 가입할 것인지, 이메일로 가입할 것인지 선택을 해야 한다. 추후 네이버가 제공하는 다양한 비즈니스 서비스를 간편하게 연결해 이용하고 싶다면 네이버 아이디로 가입하는 것이 낫다. 두 가지 선택 유형에 맞게 가입 정보를 입력하고 다음 단계로 넘어가자.

⑤ 그다음은 네이버 비즈니스 서비스 연결을 설정하는 단계인데, 상품 판매와 고객 관리에 도움이 되는 서비스이므로 선택을 하는 것이 유리하다.

⑥ 그 후 여러 가지 이용 약관에 동의한 뒤 판매자의 이름과 연락처, 메일 주소 등 기본 정보를 입력하고 스마트스토어 이름, URL, 소개 글 등의 정보를 입력하는 단계가 차례로 진행된다. 스마트스토어의 이름은 가입 후 1번 수정이 가능하고 URL은 수정이 불가능하므로 가입 전에 신중하게 고민해야 한다. URL은 가능하면 짧을수록 좋으며 스마트스토어가 연상되도록 설정하는 것이 좋다. 또한 소개 글은 50자 이내로 간략하게 작성한다.

❼ 판매자와 스마트스토어 정보를 다 입력하고 나면 판매 상품에 대한 정보를 입력하는 단계, 배송과 정산 정보를 기입하는 단계가 진행된다. 판매할 때에 필요한 출고지 주소와 연락처를 입력할 때 따로 사업장이 없으면 보통 집 주소를 적는다. 그다음은 담당자 이름과 연락처를 입력한다. 담당자는 상품 주문 현황 및 스마트스토어의 주요 안내를 받는 사람으로, 처음에는 대표자 정보를 입력했다가 추후 부관리자를 추가로 등록할 수 있다. 이 과정까지 모두 끝내면 개인 판매자 가입이 완료된다.

고객에게 신뢰감을 줄 수 있는 종합쇼핑몰 입점하기

종합쇼핑몰은 오픈마켓, 소셜커머스, 스마트스토어와 입점 방식이 전혀 다르다. 판매자가 원한다고 해서 무조건 입점할 수 있는 구조가 아니다. 종합쇼핑몰에 입점하고 싶다면 우선 온라인으로 입점 신청을 해야 하며, 입점 심사 과정을 거쳐 승인을 받아야 입점이 가능하다. 입점 심사 기준은 다른 판매 채널에 비해 까다로운 편이다. 대표적인 종합쇼핑몰인 지에스홈쇼핑에 입점하는 방법을 알아보자.

❶ GS SHOP(www.gsshop.com)에 접속한 후 화면 하단에 있는 [입점제안] 메뉴를 클릭한다. 그럼 '입점 제안' 홈으로 연결된다.

❷ '입점 제안' 홈 화면 가운데에 위치한 [입점제안하기] 버튼을 클릭한다. 입점 절차에 대해 궁금한 점이 있다면 화면 아래에 있는 [입점/계약 안내서] 버튼을 클릭하여 파일을 다운로드받아 확인하면 된다. 입점 제안부터 계약 과정, 배송 정책, 정산까지 자세하게 설명되어 있다.

❸ 입점 제안의 첫 번째 단계는 회사 정보를 등록하는 것이다. 입점 제안 결과, 계약 진행 경과, 상품의 품질검사·심의 진행상황 등의 안내를 받기 위해 연락처를 정확하게 입력해야 한다. 업로드해야 하는 파일은 사업자등록증과 회사 소개서다. MD를 직접 만나 회사를 소개할 수 없으므로 회사 소개서를 정성껏 제작하는 것이 유리하다. 만약 해당 쇼핑몰의 MD와 사전 협의 후 입점을 제안하는 경우, 반드시 사전 협의 여부 항목에 체크한 후 담당 MD의 정보를 기재한다.

❹ 회사 정보를 등록하고 나면 판매하고 싶은 상품에 대한 정보를 등록해야 한다. 우선 판매 채널을 선택한 후 상품에 대한 개요, 특장점, 특별한 판매 포인트 등을 상세하게 입력한다. 또한 상품 소개서와 상품 이미지를 첨

부해야 하는데 이때 양질의 상품 이미지를 다수 등록하는 것이 유리하다. 상품에 대한 권리, 판매에 대한 권리 등 해당 상품과 판권에 관련하여 보유한 특허·인허가 사항까지 자세하게 입력해야 한다. 이렇게 상품 정보까지 등록하고 나면 입점 제안 등록이 완료된다. 입점 심사는 제안 등록 완료일로부터 약 3~5영업일 동안 이루어지며 심사 결과는 SMS와 이메일을 통해 7영업일 내에 전달한다.

⑤ 입점이 승인되면 입점 제안 시스템의 [협력사등록하기] 메뉴에서 안내하는 순서대로 사업자정보, 배송·수거정보, 보증보험·신용평가, 결제계좌정보를 등록한다. 그다음 홈쇼핑의 입점 담당자가 협력사가 등록한 입점 정

보를 확인한 후 거래처로 등록한다. 확인이 끝나면 계약 담당자가 전자계약서를 발송한다. 전자서명을 하기 위해서는 기업(사업자용) 범용 공인인증서를 등록해야 한다. 그리고 입점 담당자가 보내 준 아이디로 위드넷(withgs.gsshop.com)에 접속한 뒤 메인 화면 우측 상단 [퀵메뉴] 버튼을 누르고, [전자계약] → [서명할 계약서]를 차례로 클릭하여 전자서명을 하면 입점이 완료된다.

CHAPTER 5

매출을 10배로 높이는 실전 마케팅 노하우

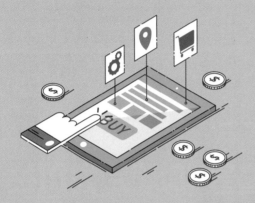

오픈마켓, 온라인 광고가 답이다

쿠팡의 운영 전략을 숙지해라

스마트스토어의 단골을 확보해라

종합쇼핑몰의 MD를 내 편으로 만들어라

배송은 빠르면 빠를수록 좋다

판매 데이터를 보면 마케팅 전략이 나온다

구매 후기보다 좋은 광고는 없다

오픈마켓,
온라인 광고가 답이다

온라인 쇼핑몰 사업을 하기 위해 고심 끝에 판매 상품을 선정하고 상품의 판매 가격을 정하고 상세페이지를 제작하고 판매 채널에 입점하고 상품 등록까지 마쳤다고 해서 판매자가 할 일이 모두 끝난 것이 아니다. 아무리 좋은 상품이라도 소비자의 눈에 띄지 않으면 그 상품은 팔리지 않는다. 이제부터는 소비자의 눈에 띄도록 다양한 마케팅 활동을 펼치면서 판매 전략을 짜야 한다. 어찌 보면 지금부터가 진짜 시작이다.

키워드 광고

마케팅의 핵심은 내 상품을 최대한 많은 소비자에게 보여 주는 것이다. 일단 소비자의 눈에 띄어야 소비자가 내 상품을 검토하고, 구매할지 말지를 결정하기 때문이다. 특히 오픈마켓에는 내가 판매하고자 하는 상품과 유사한 상품이 너무나 많기 때문에 상품 등록만 하고 아무런 마케팅 활동을 하지 않는다면 최저가 상품이 아닌 이상 잘 팔리지 않는다. 판매 채널을 오픈마켓으로 결정했다면 마케팅 활동은 거의 필수라고 할 수 있다.

오픈마켓 판매자가 할 수 있는 온라인 마케팅 활동은 디스플레이 광고, 키워드 광고, 바이럴 마케팅viral marketing, SNS 마케팅, 언론 PR 등 종류가 매우 다양한데 판매자들이 가장 많이 활용하는 광고는 역시 키워드 광고다.

소비자들은 물건을 구매할 때 해당 카테고리에 들어가 상품을 찾기보다는 네이버 같은 포털 사이트나 특정 쇼핑몰에 접속한 후 검색을 통해 구매하고자 하는 상품을 찾는다. 쇼핑몰 검색창에 상품의 키워드를 입력하고 검색하기 버튼을 클릭하면 수백 개의 관련 상품들이 정렬되어 나오는데, 어느 쇼핑몰에서건 상단에 위치해야 더 많은 소비자에게 내가 판매하는 상품을 노출할 수 있다. 그래서 오픈마켓 판매자들은 상품을 검색 결과 화면 상단에 노출하기 위해 주로 키워드 광고를 한다.

키워드 광고는 검색 사이트에서 검색어를 입력하면 나오는 검색 결과 화면에 관련 업체의 광고가 노출되도록 하는 광고 기법을 말한다. 특정 상품이나 사안에 관심을 가진 사람에게만 광고를 보여 주기 때문에 타기팅targeting화된 광고 효과를 높일 수 있으며 배너 광고에 비해 클릭률이 높다. 키워드 광고는 종류와 방식이 몇 가지로 나뉘며, 키워드에 따라 가격이 다르기 때문에 광고를 집행하기 전에 키워드 분석과 운영 방법에 대해 어느 정도는 알고 있어야 광고의 효율을 높일 수 있다. 키워드 광고는 광고비를 책정하는 방식에 따라 크게 CPCCost Per Click, CPTCost Per Time, CPMCost Per Mille으로 구분된다.

・CPC 광고

클릭당 단가 산정 방식의 광고를 말한다. 검색 결과에 노출되는 광고를 클릭했을 때만 광고비가 지출된다. 예를 들어 판매자가 CPC 광고 운영을 위해 '남자 구두'라는 키워드를 1,000원에 입찰했다고 가정해 보자. 검색 사이트를 통해 '남자 구두'라는 키워드가 1,000회 조회되었고, 실제로 클릭해서 해당 사이트로 이동한 사람이 500명이라고 가정하면 광고 단가는 '1,000(입찰 단가) × 500(실제 클릭 수)=50만 원'으로 산정된다. CPC 광고는 경매를 통해 구입할 수 있으며 구좌는 대부분 5개(5순위)로 제한되어 있어 인기 키워드는 가격이 높다. 보통 대표 검색어 1~5위에 올라가기 위해서는 클릭당 70~4만 원이 책정되는데 검색량에 따라 하루에 몇십만 원에서 몇백만 원까지 광고비가 지출될 수 있다. 클릭당 비용을 지불하기 때문에 합리적인 광고 진행이 가능하지만, 이슈 발생 시 클릭 수 증가에 따른 비용이 상승한다는 단점이 있다.

・CPT 광고

키워드 광고 집행 시 시간을 기준으로 광고비가 부과되는 정액제 광고를 말한다. 정해진 광고 자리에 기간을 나누어 비용을 정산한다. 1,000회 노출을 기준으로 계산하기 때문에 CPM과 같은 개념으로 보기도 한다. CPT는 특정 기간 동안 광고가 보장되므로 관리가 용이하다는 장점이 있지만, 광고 효과와 상관없이 계약 기간 동안 고정으로 노출되므로 위치 선점을 위한 경쟁이 치열하다는 단점이 있다.

• CPM 광고

CPM이란 1,000회 노출을 기준으로 광고 비용을 산정하는 방식을 말한다. CPT와 같은 정액제 광고로 대개는 입찰에 참여하여 1주일 혹은 1개월의 기간 동안 광고를 게재하는 방식으로 진행된다. 가령 CPM이 1만 원이라면 1,000번의 노출에 드는 광고비가 1만 원이라는 의미로, 보통 웹 페이지 첫 화면의 상단이나 하단에 나오는 배너의 광고비를 기준으로 한다.

핵심은 '키워드 설정'

명확한 근거 자료 없이 자신의 예상과 판단만으로 키워드를 추출하면 광고 효과를 거둘 수 없다. 소비자의 검색 패턴을 정확하게 분석해서 해당 상품을 구매하는 소비자가 많이 검색하는 키워드를 추출해야 한다. 키워드 추출이 중요한 이유는 분석한 내용이 광고 정책과 직접적으로 연결되어 방문자 수를 늘리고 매출이 발생하도록 하는 알고리즘 역할을 하기 때문이다.

판매자는 키워드 설정 시 일반적이고 광범위한 뜻을 가진 명사에 집착하는 경향이 있는데, 소비자는 상세 키워드로 검색하는 경우가 더 많다는 것을 인지하고 있어야 한다. 가령 고등학생 자녀의 학업용 책상을 구매하려는 소비자는 주로 '고등학생 책상', '학생 책상' 등의 키워드로 검색을 한다. 하지만 판매자는 '책상'이라는 키워드에만 집착한다. '책상'의 조회 수가 훨씬 높기 때문이다. 하지만 '책상'이라는 키워드는 사무실 책상, 컴퓨터 책상, 게임용 책상 같은 용도부터 원목 책상, 철제 책상 등 소재까지 너무 다양하고 광범위한 상품을 포함하기 때문에 조회 수가 높더라도 구매율이 낮다. 요즘 소비자들은 자신이 구매하고자 하는 상품의 키워드를 보다 정확하고 상세하게 입력하는 추세이므로 구매율이 높은 상세 키워드로 키워드 광고를 하는 것이 더 효율적이다.

키워드, 어떻게 선정하면 좋을까?

판매 상품의 키워드를 찾으려면 각 판매 채널의 광고 페이지를 확인하면 된다. 11번가에서 상품을 판매하는 판매자라면 11번가 셀러오피스 사이트 (soffice.11st.co.kr)의 [판매자 광고센터] 메뉴에서 확인이 가능하다. G마켓과 옥션 판매자의 경우 ESM PLUS의 [광고/부가서비스] 코너에서 확인할 수 있다. ESM PLUS에서 확인하는 방법은 다음과 같다.

❶ 우선 ESM PLUS(www.esmplus.com)에 접속한 뒤 로그인한다. 메인 화면 좌측에 있는 카테고리를 보면 [광고/부가서비스] 메뉴가 있다. 클릭한 뒤 [키워드 검색센터]를 선택한다.

❷ '키워드 검색센터' 창이 열리면 본인의 광고 진행 현황을 확인할 수 있
다. 또한 화면 중간에 실시간 인기 키워드, 카테고리 인기 키워드, 일간·주
간 인기 키워드, 연관 키워드 제안, 연령별 인기 키워드 등 키워드를 검토할
수 있는 다양한 메뉴가 나온다. 메뉴를 골고루 선택해서 자신의 판매 상품
과 연관된 키워드를 확인해 본다.

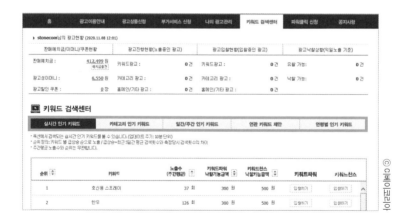

또한 소비자의 키워드 검색 패턴을 분석하기 위해서는 네이버광고 사이
트(searchad.naver.com)의 '키워드 도구' 메뉴를 활용하는 것을 추천한다. 활

용 방법은 다음과 같다.

❶ 네이버 검색창에서 '네이버광고'를 검색하면 나오는 사이트를 클릭한다. 네이버 검색광고 홈페이지에서 이미 광고주로 가입한 상태라면 기존 아이디로 로그인하고, 가입 전이라면 신규 가입을 한 후 로그인한다.

❷ 광고 현황 페이지의 화면 우측에 있는 [키워드도구] 메뉴를 클릭한다.

❸ 키워드 검색 칸에 궁금한 키워드를 입력한다. 한 줄에 하나씩 최대 5개까지 한꺼번에 검색할 수 있다. 일단 책상, 고등학생 책상, 학생 책상 3개의 키워드를 입력하고 [조회하기] 버튼을 눌러보자. 그럼 연관 키워드 조회 결과가 나오는데, 연관 키워드별로 월간 검색 수, 월 평균 클릭 수, 월 평균 클릭률, 경쟁정도, 월 평균 노출 광고 수 등의 항목별 수치를 볼 수 있다. 여러 가지 항목 중에서도 월간 검색 수와 월 평균 클릭률을 주의 깊게 살펴봐야 한다. 검색 수가 적어도 클릭률이 높으면 투자한 광고비 대비 구매율이 높은 키워드다. 반대로 검색 수는 많은데 클릭률이 낮다면 소비자의 구매 의사가

떨어지는 키워드이므로 투자한 광고비만큼의 효과를 거두기 힘들다고 볼 수 있다.

예를 들어 책상은 월간 검색 수가 PC와 모바일을 합쳐 20만 8,300건이며, 클릭률은 PC와 모바일이 각각 1.4%, 2.61%다. 고등학생 책상은 월간 검색 수가 1만 6,280건이며, 클릭률은 PC와 모바일이 각각 2.75%, 5.27%다. 월간 검색 수는 책상이 고등학생 책상보다 10배 이상 많지만, 클릭률은 고등학생 책상이 2배 정도 높은 것이다. 이럴 경우 책상보다 고등학생 책상으로 키워드 광고를 운영하는 것이 투자한 비용 대비 더 효과적으로 광고를 진행할 수 있다.

© 네이버

키워드 광고의 집행 절차

각 오픈마켓의 키워드 광고 집행 절차와 방법이 거의 유사하므로 가장 대표적인 오픈마켓인 G마켓에서 키워드 광고를 집행하는 방법에 대해 알아보자. 일단 가장 먼저 할 일은 집행하고자 하는 광고를 선택하는 것이다. G마켓에는 키워드 광고 상품이 몇 가지 있으므로 각 광고별 입찰 현황과 금액을 확인해야 한다. 광고 상품의 종류와 상품별 가격은 ESM PLUS의 [광고/부가 서비스] 코너 중에서 [G마켓 광고 관리] → [광고상품 소개] 메뉴를 차례로 클릭하면 확인할 수 있다.

G마켓의 키워드 광고 상품은 키워드 플러스 상품, 모바일 플러스 검색, 키워드 파워상품, 검색창 파워상품 총 네 가지가 있으며 상품별 특징은 아래 표와 같다. 해당 광고가 어디에 노출되는지, 노출 방식이 어떤지, 입찰 시작가가 얼마인지, 입찰 단위가 얼마인지 등을 알 수 있는데 특히 노출 위치는 꼼꼼하게 확인해야 한다.

	키워드 플러스 상품	모바일 플러스 검색	키워드 파워상품	검색창 파워상품
노출 위치	검색 결과 페이지 중단	G마켓 모바일 검색 결과 페이지 상단	검색 결과 페이지 상단	검색어 자동완성창 내
노출 방식	최대 10개 고정 노출 (최고가 낙찰)	최대 6개 고정 노출 (최고가 낙찰)	최대 5개 고정 노출 (최고가 낙찰)	최대 1개 고정 노출 (최고가 낙찰)
입찰 시작가	키워드별 주간 조회 수에 따라 다름	500원/1일	키워드별 주간 조회 수에 따라 다름	키워드별 주간 조회 수에 따라 다름
입찰 단위	100원	100원	100원	100원
광고 형식	- 키워드에 부합한 상품만 입찰 가능 - 판매자당 최대 4개까지 복수 입찰 가능	키워드에 부합한 상품만 입찰 가능	- 키워드에 부합한 상품만 입찰 가능 - 판매자당 최대 2개까지 복수 입찰 가능	키워드에 부합한 상품만 입찰 가능

광고 상품별 특징을 꼼꼼하게 살펴보았다면 이 중 어떤 광고를 집행할 것

| G마켓 키워드 플러스 상품 노출 위치

| G마켓 모바일 플러스 검색 노출 위치

| G마켓 키워드 파워상품 노출 위치

| G마켓 검색창 파워상품 노출 위치

인지 선택해야 한다. 선택한 후에는 해당 광고 상품의 입찰 현황과 금액을 확인한다. 최종 선택을 마쳤다면 절차에 따라 입찰을 진행하면 된다. 진행 절차는 간단하다.

❶ 우선 ESM PLUS의 [광고/부가 서비스] 코너 중에서 [G마켓 광고 관리] → [G마켓 광고 입찰신청] 메뉴를 차례로 클릭한다.

❷ 그럼 검색 광고부터 카테고리 광고, 모바일 광고까지 G마켓에서 운영할 수 있는 광고 목록이 나오는데, 그중 [검색광고]를 선택한다. 그다음 키워드 검색창에 검색 광고를 집행할 키워드를 입력하고 조회 버튼을 누른다. 최근 에 검색 광고를 진행했다면 진행했던 키워드 내력이 하단에 표시되므로 그 중에서 선택해도 된다. 또한 평소 관심 키워드를 [My Menu]의 [나의 관심 키워드]에 등록해 놓으면 입찰할 때 좀 더 편하게 진행할 수 있다.

❸ 키워드를 입력하고 조회 버튼을 누르면 검색 광고 상품별로 전날 전시 현황과 오늘 입찰 현황이 나온다. 내용을 확인한 후 검색 광고를 진행할 상품 번호를 입력하고 입찰 기간을 설정하고 입찰 금액을 입력한다. 최저가보다 100원 비싸게 입찰할 수 있으며, 입찰할 때 보유 판매 예치금·광고성 이머니가 입찰가보다 적을 경우 입찰이 불가하니 미리 충전해 놔야 한다. 모든 항목의 설정을 마쳤으면 [입찰 신청] 버튼을 클릭한다.

© 이베이코리아

❹ 다음은 다시 ESM PLUS 메인 화면으로 돌아가 [광고/부가서비스] 카테고리에서 [G마켓 광고관리] → [나의 광고 관리] 메뉴를 차례로 클릭한다. 그럼 판매자가 현재 진행하는 광고 현황이 나오는데 그중 [입찰중 광고]

건수 옆에 있는 확인 버튼을 클릭한다. 그리고 좌측 하단에 있는 설정 칸에서 [최저가입찰] 혹은 [최고가입찰] 중 하나를 선택한 후 광고 마감 시간인 17:50에 가깝게 [일괄 변경] 버튼을 클릭하면 광고 입찰 결과가 결정된다.

입찰 마감 이후 낙찰이 진행되며 낙찰된 경우 광고 노출이 되기 전 판매 예치금·광고성 이머니가 차감된다. 낙찰 범위임에도 불구하고 유찰되는 세 가지 경우가 있다. 광고를 신청한 물품의 재고 수량이 0인 경우, 광고를 신청한 물품의 판매 기간이 종료된 경우, 결제될 판매 예치금·광고성 이머니가 부족할 경우에 그렇다. 이 부분은 입찰 전 미리 체크해야 한다. 낙찰된 광고는 당일 19:30경부터 익일까지 24시간 노출되는데, 광고 상품에 따라 30분 정도의 차이가 있을 수 있다.

© 이베이코리아

▌바이럴 마케팅

온라인 시장에서 가장 많이 하는 마케팅은 키워드 광고 다음으로 바이럴 마케팅이다. 바이럴 마케팅은 포털 사이트에서 제공하는 연관 검색어, 네이버 지식iN, 블로그, 인터넷 카페 등을 통해 소비자에게 자연스럽게 정보를 제공하여 상품이나 브랜드의 신뢰도와 인지도를 상승시키고 구매 욕구를 자극하는 마케팅 방식이다.

이전에는 판매자가 직접 바이럴 마케팅 채널을 운영하면서 비용을 들이지 않고 마케팅 활동을 했지만, 요즘은 영향력 있는 파워블로거나 체험단을 통해 소비자의 블로그를 이용해서 상품을 홍보하는 방법을 더 많이 활용하고 있다.

• 네이버 지식iN 마케팅

네이버 지식iN에 질문을 올리고 답변을 하는 방식의 마케팅 방법이다. 한때 지식iN을 통한 바이럴 마케팅이 성행하던 때가 있었다. 투자한다는 생각으로 질문에 전문적인 지식과 정보를 활용해 성심성의껏 답변하면 관심 있는 사람들에게 신뢰감을 줄 수 있다. 즉각적인 효과는 없더라도 꾸준히 활동해 신뢰를 쌓으면 이를 바탕으로 브랜드 인지도가 높아지고 고객을 판매 채널로 유입하는 데 효과가 있다.

• 블로그 마케팅

블로그 마케팅은 판매자가 직접 블로그를 만들어서 자신이 판매하는 상품과 서비스를 홍보하는 방식이다. 블로그에 글을 쓸 때는 노출이 잘 되는 방식으로 글을 쓰는 것이 중요하다. 풍부한 지식을 바탕으로 신뢰감이 가는 전문적인 글을 꾸준히 남기면 검색 시 노출이 잘 되기 때문에 홍보 활동에 큰 도움이 된다. 또한 단순히 블로그 방문자에게 정보를 제공하는 것에서 그치지 않으려면 판매하는 상품과 연관되도록, 그리고 판매로까지 자연스럽게 이어지도록 글의 구성까지 신경 써서 작성해야 한다.

• 인터넷 카페 마케팅

판매자가 직접 카페를 만들어서 마케팅 활동을 하는 방법으로 블로그 마케팅과 비슷하지만 좀 더 어려운 방식이다. 카페의 특성상 회원들끼리 유대감이 형성되기 때문에 신뢰를 쌓기에 좋다. 추후 회원들을 대상으로 타깃 마케팅을 하면 실제 고객으로 전환하기가 좀 더 용이하다.

카페 회원들을 지속적으로 원활하게 관리하는 것이 중요하므로 커뮤니케이션 능력이 뛰어난 판매자에게 적합한 마케팅 방법이다. 또한 카페 운영 방법과 노하우를 정확하게 터득하고 있어야 제대로 마케팅 효과를 볼 수 있다. 카페 마케팅은 생각보다 많은 시간과 노력을 투자해야 하므로 일단 다른 카페에 회원으로 가입해서 글을 올리는 등 적극적으로 활동을 해 보고 난 후 자신에게 적합하다고 판단될 경우 시작하는 것을 추천한다.

홍보 문안, 어떻게 써야 많이 노출될까?

바이럴 마케팅 역시 노출이 중요하다. 홍보 글을 열심히 썼는데 사람들한테 노출되지 않으면 무용지물이기 때문이다. 그래서 네이버 검색에서 어떤 글이 잘 노출되고 어떤 글이 노출되지 않는지 잘 파악하고 그에 맞는 글을 올려야 한다.

네이버 공식 블로그 네이버 다이어리(blog.naver.com/naver_diary)에 '네이버 검색이 생각하는 좋은 문서! 나쁜 문서?'라는 글을 찾아보면 좋은 글에 대한 정의가 나와 있으므로 참고하기 바란다. 네이버는 '사용자는 검색 결과에 유용한 정보를 얻고 콘텐츠 생산자는 노력에 합당한 관심을 받는 것'에 기준을 두고 있다. 반대로 유해문서, 스팸·어뷰징 문서 등은 블로그 검색이 제어하고 있다.

네이버 검색이 생각하는 좋은 문서

- 신뢰할 수 있는 정보를 기반으로 작성한 문서
- 물품이나 장소 등에 대해 본인이 직접 경험하여 작성한 후기 문서
- 다른 문서를 복사하거나 짜깁기하지 않고 독자적인 정보로서의 가치를 가진 문서
- 해당 주제에 대해 도움이 될 만한 충분한 길이의 정보와 분석 내용을 포함한 문서
- 읽는 사람이 북마크하고 싶고 친구에게 공유·추천하고 싶은 문서
- 네이버 랭킹 로직을 생각하며 작성한 것이 아닌 글을 읽는 사람을 생각하며 작성한 문서
- 글을 읽는 사용자가 쉽게 읽고 이해할 수 있게 작성한 문서

SNS 마케팅

요즘 온라인 쇼핑몰 사업자들 사이에서 가장 관심이 높은 마케팅 방법이 바로 SNS 마케팅이다. SNS 마케팅은 인스타그램, 트위터, 페이스북, 유튜브 등과 같은 소셜 미디어를 활용하는 마케팅 전략을 말한다. SNS 마케팅은

텔레비전, 신문 같은 전통적인 대중매체를 통해 광고나 홍보를 했던 기존의 마케팅과는 다르게 사용자 간 관계를 형성할 수 있는 웹 기반의 플랫폼인 소셜 네트워크 서비스를 활용하여 고객들과 소통하는 마케팅 전략이다.

온라인 쇼핑몰 사업을 한다고 해서 꼭 SNS 마케팅을 해야 하는 것은 아니다. 하지만 자신의 판매 상품과 시너지 효과를 낼 수 있는 SNS 채널을 운영하면 판매에 조금이라도 도움이 된다. 또한 SNS를 운영하면 고객 관리도 되고 구매 고객의 재구매를 유도하는 데도 도움이 될 수 있다.

SNS 마케팅을 시작하려는 판매자들은 여러 SNS 채널을 동시에 운영해야 하는지에 대해 고민을 많이 한다. 하지만 인스타그램, 페이스북, 유튜브 등 각각의 채널에서 마케팅 활동을 하는 것은 쉽지 않다. 특히 규모가 작은 업체라면 비용이 많이 들고, 비용을 줄이려면 그만큼 내부 인력이 전담해야 하므로 무리해서 다수의 채널에서 마케팅 활동을 할 필요는 없다. 오히려 한정된 비용과 인력으로 효율을 높이려면 판매하는 상품에 가장 적합한 채널 하나를 잘 골라 집중하는 것이 더 낫다. 그래서 채널별로 어떤 특징이 있는지 파악하는 것이 중요하다.

˙페이스북 마케팅

페이스북은 지인 중심의 네트워크 서비스로 세계에서 가장 많은 사용자를 보유하고 있는 소셜 미디어다. 텍스트, 이미지, 동영상 등 업로드하는 콘텐츠의 형식에 제한이 없기 때문에 마케팅 툴로 활용하기에 유용하다. 최근에는 페이스북을 마케팅 툴로 활용하는 경우가 너무 많다 보니 예전에 비해 효율이 다소 떨어졌다는 평이 있고, 상업적인 내용은 광고비를 집행해야만 전파가 가능하다는 점이 단점으로 꼽힌다. 하지만 정교한 타기팅이 가능하고 소액으로 광고를 할 수 있다는 점에서 여전히 매력적인 채널이다.

• 인스타그램 마케팅

인스타그램은 요즘 가장 인기 있는 SNS 마케팅 채널이다. 태그를 기반으로 한 관심사를 이미지 콘텐츠 중심으로 공유하는 소셜 미디어이므로 이미지의 완성도가 중요하다. 페이스북과 광고 플랫폼을 공유하기 때문에 마케팅 툴로 사용하기 편리하다. 페이스북보다 젊은 사용자가 많으며 특히 20대 여성을 타깃으로 하는 판매자에게 가장 적합한 마케팅 채널이다.

• 유튜브 마케팅

유튜브는 동영상 플랫폼으로 영상에 익숙한 요즘 세대에게 가장 적합한 마케팅 채널이다. 하지만 동영상을 제작하는 데는 많은 시간과 비용이 소요되기 때문에 콘텐츠 생산의 난이도가 가장 높은 채널로 꼽힌다. 유튜브는 페이스북이나 인스타그램과 달리 크리에이터라고 불리는 콘텐츠 생산자가 시청자에게 미치는 영향이 매우 크기 때문에 매력적인 캐릭터를 선정하는 것이 중요하다. 또한 구독자 수를 늘리는 것이 관건이므로 양질의 콘텐츠를 꾸준하게 업로드해야 한다.

쿠팡의 운영 전략을
숙지해라

▌아이템위너 시스템을 공략한다

쿠팡은 국내 온라인 쇼핑 플랫폼 중에서 시장의 변화와 고객의 니즈에 가장 민첩하게 반응하는 편이다. 쿠팡이 배포한 보도자료에 따르면 2020년 상반기 신규 입점한 판매자 수가 전년 동기 대비 145% 증가했으며 카테고리별 성장률이 최대 293%를 기록했다고 한다. 그만큼 쿠팡은 시장 점유율을 높이기 위해 공격적으로 마케팅을 진행하고 있으며, 온라인 쇼핑몰 사업자들의 관심이 높은 판매 채널이다. 쿠팡은 타 오픈마켓과 차별화되는 운영 전략을 시행하고 있다. 쿠팡에 입점한 판매자라면 쿠팡에서 판매자에게 제공하는 다양한 혜택을 잘 활용하는 것만으로도 매출을 높이고 경쟁력을 키우는 데 도움이 될 것이다.

　쿠팡은 마켓플레이스에 등록된 상품들에 대해 '하나의 상품에 하나의 상품 페이지' 방식을 추구한다. 같은 상품을 여러 판매자가 한 페이지에서 판매하는 것이다. 오픈마켓의 경우 A라는 상품을 판매하는 판매자가 10명이라면 상품 페이지도 10개지만, 쿠팡 마켓플레이스에서는 A라는 상품을 판매하는 판매자가 10명이든 100명이든 상품 페이지는 1개로 운영한다.

예를 들어 소비자가 쿠팡 검색창에서 '가습기'를 검색하면 70만 개가 넘는 가습기 상품이 검색된다. 그중 원하는 상품을 클릭해서 상품 페이지로 이동하면 상품 정보의 판매자 소개 부분에 '다른 판매자 보기' 버튼이 보인다. 그 버튼을 클릭하면 해당 상품을 판매하는 다른 판매자들의 리스트가 나타난다. 동일한 상품을 판매하는 모든 판매자가 마켓플레이스의 규칙에 따라 하나의 상품 페이지를 공유하는 것이다. 이는 미국 아마존의 바이 박스buy box라는 판매 형태와 유사한 개념으로 판매자끼리의 경쟁(특히 가격)을 더 치열하게 만들어서 쇼핑몰 전체의 가격 경쟁력을 확보하기 위해 도입한 것으로 보인다.

상품 페이지를 공유하는 경우는 완전히 똑같은 상품에 한해서 적용된다. 그래서 모델명이 있는 전자상품이나 유명 브랜드 상품이 대부분이다. 패션이나 생활용품 카테고리의 상품들은 브랜드가 없는 경우가 많기 때문에 각자의 판매 페이지에서 따로 판매하는 경우가 더 많다.

이렇게만 하면 누구나 '아이템위너'가 될 수 있다

상품 페이지의 대표 판매자, 즉 고객에게 가장 먼저 보이는 '아이템위너'가

| 쿠팡에서 가습기를 검색하면 나오는 화면

| 선택한 상품의 상세페이지에서 [다른 판매자 보기]를 클릭하면 나오는 판매자 리스트

되기 위해서는 가격 경쟁력과 고객 경험이 가장 뛰어나야 한다. 쿠팡에서 제시한 아이템위너가 되는 기준은 다음과 같다.

• 가격 경쟁력 확보

일단 가격 경쟁력을 갖추는 것이 가장 중요하다. 즉시할인쿠폰의 적용 여부도 가격 경쟁력에 영향을 미친다. 즉시할인쿠폰을 적용한 상품의 경우, 기본 판매가에서 할인 금액을 뺀 최종 판매 가격이 아이템위너의 선정 기준이된다. 또한 즉시할인쿠폰을 붙이면 판매 페이지에서 즉시 할인가로 표기되므로 고객의 시선을 끌 수 있다.

• 무료 배송 제공

배송비 유무도 고려된다. 무료 배송이나 조건부 무료 배송이 유리하며, 출고 소요 기간도 짧을수록 좋다. 다른 조건이 비슷한 경우 배송이 빠른 판매자의 상품이 더 높게 평가되기 때문이다. 로켓배송은 기본적으로 무료 배송이고 출고 소요 기간이 짧기 때문에 상대적으로 유리하다.

• 높은 고객 만족도 유지

아이템위너가 되기 위해서는 높은 고객 만족도를 유지해야 한다. 이를 위해 쿠팡의 고객 만족도 지표인 쿠팡 판매자 점수를 잘 관리하면 된다. 일단 고객과의 배송 약속은 반드시 지켜야 하며, 재고 관리를 정확하게 해서 품절이 되는 것은 피해야 한다. 가격과 상관없이 재고가 안정적인 상품은 품절이 자주 되는 상품보다 높은 순위를 차지한다. 고객 문의에 24시간 내로 답하는 것도 중요하다. 상품에 대해 문의하는 고객은 구매 의사가 높은 편이다. 빠르게 응대하면 구매로 이어질 확률이 높으며, 원활한 커뮤니케이션은 고객 만족도에 긍정적인 영향을 준다.

아이템위너가 되면 뭐가 좋을까?

오픈마켓과 달리 쿠팡에서는 인기 상품의 아이템위너가 되면 광고를 집행하지 않아도 높은 매출을 기대할 수 있다. 아이템위너가 되면 동일한 상품 중에서 내 상품이 가장 먼저 노출되므로 소비자들이 내 상품을 구매할 확률이 높기 때문이다. 물론 가격 경쟁력을 갖춰야 한다는 부담은 있지만 어찌보면 광고를 집행했을 때보다 더 큰 효과를 볼 수도 있다.

마켓플레이스에서 매출 올리는 팁

마켓플레이스에서 매출을 잘 올리려면 일단 소비자가 내 상품을 쉽게 찾을 수 있도록 해야 한다. 상품을 등록할 때 상품명, 카테고리, 검색어, 구매 옵션, 검색 옵션 등의 상품 정보를 올바르게 입력하면 된다. 또한 보기만 해도 사고 싶어질 정도로 대표 이미지에 상품의 매력을 한껏 살리고, 쿠팡은 모바일 구매율이 높은 만큼 상세페이지를 제작할 때 모바일에서 잘 보이도록 제작하는 것 또한 중요하다.

쿠팡 WING에서 아이템위너가 아닌 상품을 확인하는 법

쿠팡 판매자 센터 쿠팡 WING에서 최근 30일 동안 판매된 인기 상품이지만 아이템위너
가 아닌 상품의 목록을 확인할 수 있다. 일단 쿠팡 WING에 판매자 회원으로 로그인한 후
상단 메뉴에서 [상품관리] → [상품알림] 탭을 차례로 클릭한다.

[아이템위너가 아닌 상품] 탭을 선택하면 아이템위너가 아닌 판매자의 상품들이 나열되
고, 상품별로 아이템위너의 판매 가격과 판매자가 설정한 판매 가격이 나란히 배치되어
나온다. 상품을 아이템위너로 만들고 싶다면 아이템위너의 판매가를 참고해서 경쟁력 있
는 판매 가격을 설정하면 된다.

| 할인쿠폰을 적극적으로 활용한다

쿠팡 검색창에서 어떤 상품을 검색하면 적게는 수백 개에서 많게는 수십만 개의 검색 결과가 나온다. 그런데 상위에 노출되는 상품들은 대부분 광고를 진행하고 있는 상품이거나 로켓배송 상품이다(149쪽의 상단 그림을 살펴보면 광고 상품과 로켓배송 상품이 제일 상단에 노출되는 것을 볼 수 있다). 만약 내가 쿠팡에 등록한 상품이 로켓배송 상품도 아니고 광고도 진행하고 있지 않지만, 고객의 눈에 띄고 싶다면 할인쿠폰을 활용해 볼 수 있다. 당연한 얘기지만 고객들이 검색 결과 페이지에 나온 상품들을 살펴볼 때, 할인쿠폰이 적용되어 있으면 조금 더 관심을 보이기 때문이다.

발행 가능한 할인쿠폰의 종류

쿠팡의 할인쿠폰에는 검색 결과 페이지에 바로 할인 혜택을 보여 주는 '즉시할인쿠폰'과 고객이 주문한 상품의 총금액이 일정 금액을 넘으면 사용할 수 있는 '다운로드쿠폰' 두 가지가 있다.

즉시할인쿠폰은 검색 결과 페이지에도 노출되기 때문에 할인 혜택에 민감한 고객들의 시선을 끄는 데 효과가 있다. 다운로드쿠폰은 고객이 할인 혜택을 받기 위해 원래 계획했던 것보다 상품을 더 구매하도록 유도하는 데 효과가 있다.

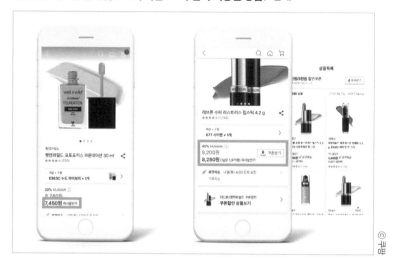

할인쿠폰을 발행하면 뭐가 좋을까?

G마켓, 옥션, 11번가 등 대부분의 오픈마켓은 판매자가 판매 상품에 할인 쿠폰을 적용하는 경우 할인 혜택이 반영되기 전 가격에 수수료를 적용해 판매자에게 청구한다. 하지만 쿠팡은 할인 혜택이 반영된 최종 가격에 수수료를 적용해 청구한다.

예를 들어 쿠팡과 타 오픈마켓에서 판매 금액 1만 원인 상품에 5,000원짜리 즉시할인쿠폰 프로모션을 진행한다면 쿠팡은 실제 판매 금액인 5,000원에 대한 수수료를 부과하는 반면, 다른 오픈마켓은 원래 판매 금액인 1만 원에 대해 수수료를 부과한다. 따라서 판매자 입장에서는 수수료가 더 적게 적용되는 쿠팡에서 할인쿠폰 프로모션을 진행하는 것이 유리하므로 쿠팡 판매자들은 할인쿠폰을 적극적으로 활용할 것을 추천한다.

또한 할인쿠폰 등의 프로모션을 진행하면 소비자의 시선을 끈다는 점에서 광고만큼의 효과를 볼 수 있으므로 판매 활성화에도 도움이 된다.

판매 상품에 쿠폰 적용하는 법

즉시할인쿠폰과 다운로드쿠폰의 발행 방법이 거의 유사하므로 여기서는 즉시할인쿠폰의 발행 방법을 설명한다.

❶ 쿠팡 WING에서 판매자 회원으로 로그인한 후 상단 메뉴에서 [프로모션관리] → [할인쿠폰 관리] 메뉴를 차례대로 클릭한다.

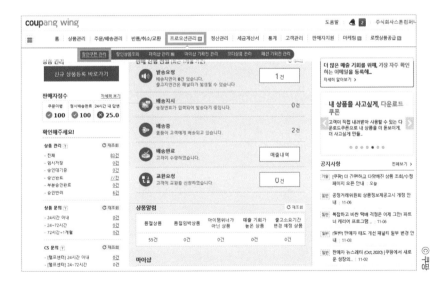

❷ '할인쿠폰 관리' 페이지가 나오면 [할인쿠폰 만들기] 버튼을 클릭한다.

❸ '할인쿠폰 만들기' 페이지가 열리면 즉시할인쿠폰과 다운로드쿠폰 중 즉시할인쿠폰을 선택하고 쿠폰명을 입력한다. 쿠폰명은 쿠팡 판매 페이지에 노출되지 않으므로 판매자가 관리하기 쉬운 이름으로 정한다. 그다음 쿠폰의 유효 기간을 설정하고 할인 방식을 선택한다. '정률'은 총 구매 금액에서 설정한 할인율을 적용하는 방식이고 '정액'은 총 구매 금액에서 설정한 할인 금액을 차감하는 방식이다.

쿠폰을 적용하고 싶은 상품이 또 있다면 하단의 '쿠폰 적용 상품 추가'에 상품의 옵션 ID를 입력하고 [상품 조회] 버튼을 누르면 추가된다. 쿠폰을 적용할 상품들을 확인한 후 [할인쿠폰 적용] 버튼을 클릭하면 쿠폰이 발행된다.

마이샵 기획전을 활용한다

마이샵은 판매자가 판매하고 있는 모든 상품을 한눈에 볼 수 있는 페이지로 고객의 주목도가 가장 높은 마이샵 최상단에 노출할 상품을 판매자가 직접 지정할 수 있다. 상품의 노출 순서부터 노출 기간까지 판매자가 자유롭게 설정할 수 있으며 기획전이 끝난 뒤에는 기획전의 기여 매출, 기여 판매 수량, 상품 클릭 수, 상품 방문자 수에 대한 데이터가 통계 자료로 정리되어 기획전의 성과를 분석하기에 용이하다.

소비자들은 자신이 구매한 상품이 만족스러운 경우 해당 판매자의 상품을 또다시 구매하는 경향이 있으므로 마이샵 기획전을 제대로 활용하면 판매율을 높이는 데 도움이 된다. 마이샵 기획전은 PC, 모바일 웹, 안드로이드 앱을 사용하는 고객에게만 노출된다.

마이샵, 어떻게 노출될까?

마이샵은 상품 상세페이지에서 판매자 이름을 클릭하거나 혹은 '묶음배송 가능한 상품'에서 [전체보기]를 클릭하면 바로 이동한다. 장바구니 페이지에서도 [묶음배송추가] 버튼을 클릭하면 마이샵으로 이동한다.

| 마이샵 노출 방법

온라인 판매 사업을 한다는 것

마이샵 기획전 만드는 법

1명의 판매자는 1개의 마이샵만 가질 수 있으며 마이샵 1개당 노출 가능한 기획전도 1개다. 여러 개의 기획전을 동시에 노출할 수 없으니 계획을 잘 세워서 진행해야 한다. 마이샵 기획전을 만드는 방법은 간단하다.

❶ 쿠팡 WING에서 판매자 회원으로 로그인한 후 상단 메뉴에서 [프로모션 관리] → [마이샵 기획전 관리] 탭을 차례대로 클릭한다.

❷ '마이샵 기획전 관리' 페이지가 나오면 판매자의 마이샵 이름과 마이샵 URL을 확인할 수 있다. 화면 중앙에 있는 [신규 기획전 생성하기] 버튼을 클릭한다.

❸ '마이샵 기획전 생성하기' 창이 열리면 기획전 타입, 운영 기간 등을 설정하고 [상품추가] 버튼을 클릭한다. 기획전 타입은 정식 론칭 시 변경될 수 있다. 기획전 운영 기간은 최대 30일까지 분 단위로 설정할 수 있다.

❹ 상품 검색 화면이 뜨면 '등록상품ID'에 체크하고, 기획전을 진행하고 싶은 상품의 등록 번호를 한 줄에 하나씩 입력한 뒤 [검색] 버튼을 클릭한다. 그럼 화면 하단에 검색 결과가 나타난다. '노출상품ID' 앞에 있는 [추가] 표시를 체크하고 하단 오른쪽의 [상품추가] 버튼을 클릭하면 해당 상품이 추가 된다. 이때 추가 상품으로 아이템위너, 무료 배송 상품 등 주력 상품을 선택하면 더 높은 판매 효과를 기대할 수 있다.

❺ 마지막으로 '기획전 상품구성' 페이지에서 상품 정보를 확인한 후 [노출 순서 변경] 탭에서 기획전 상품 노출 순서를 설정한다. 순서 설정을 마친 후 우측 하단의 [운영하기] 버튼을 클릭하면 마이샵 기획전이 생성된다.

스마트스토어의
단골을 확보해라

네이버 스마트스토어는 다른 쇼핑몰에 비해 론칭한 지 오래되지 않았지만 네이버를 등에 업고 빠르게 성장하고 있다. 오픈마켓과 달리 별도의 상점 공간을 제공한다는 점, 신규 쇼핑몰 창업자들이 접근하기 어렵지 않다는 점, 판매 수수료가 낮다는 점, 네이버페이 포인트 적립을 마케팅 툴로 활용할 수 있다는 점 등 다양한 이점으로 판매자들을 끌어들이고 있다. 스마트스토어는 판매자와 소비자 모두의 편의를 위한 다양한 시스템을 도입해 운영하고 있는데, 판매자 입장에서 어떻게 활용하면 판매 실적을 올릴 수 있는지 알아보자.

▌ '스토어찜'으로 처음 오는 고객을 단골로 만들어라

요즘은 온라인에서 상품을 구매하는 소비자도 많지만 상품을 판매하는 판매자 역시 너무나 많다. 판매자로서는 자신 말고도 무수한 판매자가 있기 때문에 온라인 쇼핑의 치열한 경쟁 시스템이 부담스러울 수밖에 없다. 그런데 이는 소비자도 마찬가지다. 유사한 상품을 판매하는 판매자가 너무나 많기 때문에 내가 원하는 상품을 찾기까지 시간이 오래 걸리는 것에 불편함을 호소한다.

온라인 쇼핑을 할 때마다 일일이 검색해 가며 자신에게 꼭 맞는 상품을 찾는 것을 좋아하는 소비자도 있겠지만, 한 번의 구입 경험에서 만족도가 높으면 동일한 상품이 필요할 때마다 해당 판매자를 찾아가 구입하길 희망하는 소비자도 있다. 스마트스토어의 '스토어찜'은 후자 스타일의 고객을 위한 시스템이다. 또한 일회성 고객이 아닌 단골 고객의 확보를 원하는 판매자들을 위한 시스템이기도 하다.

오프라인에서건 온라인에서건 판매자에게는 한 번의 구매로 그치는 것이 아니라 재방문하면서 꾸준히 상품을 구매해 주는 단골 고객이 고맙고 소중할 수밖에 없다. 그런데 온라인에서는 오프라인보다 단골 고객을 만들고 관리허기가 쉽지 않다. 자체 쇼핑몰을 운영하는 판매자라면 쇼핑몰을 이용하는 고객들이 대부분 회원가입을 하기 때문에 그나마 관리가 수월하지만, 그때그때 검색을 통해 상품을 구매하는 고객이 많은 오픈마켓이나 소셜커머스의 판매자들은 단골 확보가 쉽지 않다.

스토어찜은 스마트스토어 판매자들이 단골 고객을 확보하고 관리하는

데 도움을 주는 시스템이다. 내가 운영하는 스마트스토어에 주기적으로 방문하는 고객을 확보하는 일은 매우 중요하다. 고객이 꾸준하게 방문한다는 것은 그만큼 내가 판매하는 상품, 배송, 서비스 등에 만족했다는 의미고, 판매자에 대한 신뢰감이 생겼으니 상품이나 서비스에 특별한 문제가 발생하지 않는 이상 지속적인 구매를 기대할 수 있기 때문이다.

판매자는 스토어찜을 하는 고객들에게 할인쿠폰을 제공한다. 고객에게 혜택을 주는 만큼 마진은 줄지만 단골 고객을 확보할 수 있고 그들에게 꾸준한 구매 가능성을 기대할 수 있다. 고객 입장에서도 상품을 구매할 때 사용할 수 있는 할인쿠폰을 제공받고, 네이버페이 포인트를 기존 1% 적립에 추가적으로 2%를 더 적립받으니 이득이다.

요즘 네이버는 스토어찜의 효율성 때문인지 스토어찜을 더욱 밀어주고 있다. 상품 판매 수나 구매 후기 수보다는 점수가 낮지만, 스토어찜 수도 스마트스토어의 노출 순위에 영향을 준다.

▌고객 관리는 '네이버 톡톡'으로

판매자는 어렵게 확보한 단골 고객의 이탈을 막는 것이 중요하다. 그러기 위해서는 고객 관리를 잘해야 하는데, 스마트스토어 판매자는 '네이버 톡톡'을 통해 고객 관리를 하면 된다.

네이버 톡톡은 친구 추가나 앱 다운로드 없이 판매자와 고객이 바로 대화할 수 있는 웹 채팅 서비스다. PC와 모바일 상관없이 이용자가 [톡톡문의]

버튼을 누르면 바로 대화창이 열리고 대화할 수 있다. 또한 판매자는 고객에게 마케팅 메시지를 보낼 수 있어 효과적인 마케팅 효과를 거둘 수 있다. 스마트스토어 판매자가 톡톡 서비스를 이용하고 싶다면 네이버 톡톡 파트너센터(partner.talk.naver.com) 메인 화면에 있는 [시작하기] 버튼을 클릭하고 로그인을 완료한 후 '계정대표' 페이지로 이동한다. [톡톡 계정 만들기] 버튼을 누른 후 [서비스 연결] → [계정대표 정보 입력] → [계정 프로필 정보 입력] 순으로 진행하면 된다.

고객 상담을 간편하고 친근하게

네이버 톡톡 서비스의 가장 큰 장점은 고객과의 커뮤니케이션이 매우 편리하다는 점이다. 고객은 상품을 구입하기 전에 상품에 대해 궁금한 점이 있으면 보통 고객센터로 전화를 하거나 게시판에 문의 글을 남기는데, 톡톡 서비스를 이용하면 마치 친구와 문자를 주고받는 느낌으로 친근하고 간편하게 상담을 할 수 있다.

스마트스토어 판매자 중 대다수가 1인 유통 시스템으로 운영하는 경우가 많다. 1명이 상품 기획부터 상품 발송, CS 처리까지 모든 업무를 혼자 진행하기 때문에 전화로 고객을 응대하는 것이 부담스러울 수밖에 없다. 이런 경우 톡톡 서비스를 활용하면 고객의 반품·교환 문의, 불만 사항 응대 등에 대한 부담을 덜 수 있다. 또한 고객들이 가장 많이 하는 배송 관련 문의는 챗봇 설정을 통해 자동으로 응답할 수도 있다.

고객 중에는 스토어 운영 시간이 아닌 때에도 톡톡 문의를 보내는 경우가

| 톡톡으로 진행 중인 고객과의 상담 목록

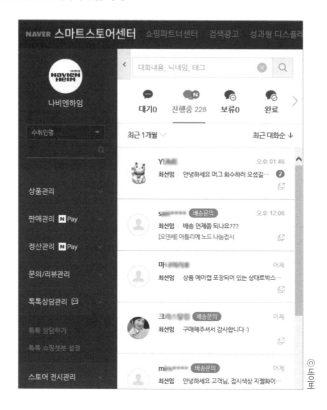

있는데 상담 가능 요일과 상담 가능 시간이 아닐 때 자동으로 보여 줄 부재

중 메시지를 원하는 대로 설정할 수 있으므로 업무시간 이외에 오는 질문에

대해서는 답변을 하지 않아도 된다.

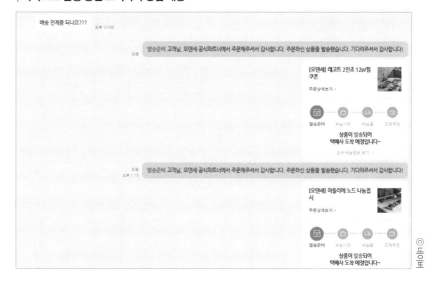

'소식 받기'는 최고의 타깃 마케팅 툴

판매자라면 항상 고객의 재방문과 재구매를 높이기 위해 노력한다. 그래서 할인 이벤트, 무료 배송 이벤트, 할인쿠폰 등 고객에게 다양한 혜택을 제공하는데 아무리 큰 혜택을 마련해도 고객에게 이런 혜택이 있는지 알리지 못한다면 소용이 없다. 톡톡 서비스를 이용하면 고객에게 스마트스토어의 다양한 소식을 간편하게 전할 수 있다. 단, 스토어로부터 신상품 소식이나 행사 소식 등을 주기적으로 받겠다고 '소식 받기' 신청을 한 고객에게만 한정된다. '소식 받기'를 선택한 고객들에게 톡톡 서비스를 이용해 소식을 알리는 방법은 다음과 같다.

❶ 스마트스토어센터에 판매자로 로그인한다. 화면 좌측에 보이는 다양한
관리 메뉴 중 [고객혜택관리] → [혜택 등록]을 차례로 클릭한다.

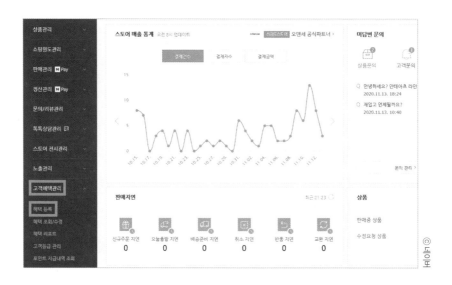

❷ 고객지정 혜택은 1회 최대 발급 가능 고객 수가 100명으로 제한된다.
그래서 어떤 고객을 유치할 것인지에 따라 혜택 제공 대상자를 선택한다.
신규 구매를 끌어올리고 싶다면 [첫구매고객]을 선택하면 되지만, 판매자의
상품을 자주 구매하는 기존 단골 고객에게 혜택을 주고 싶다면 [소식알림]
을 선택한다. 혜택을 광범위하게 발급하기보다 전략에 따라 타기팅된 고객
에게 제공하면 더욱 효과가 좋다. 그러고 나서 혜택을 쿠폰으로 제공할 것
인지 포인트 적립으로 제공할 것인지 정하고, 혜택 상품을 지정한다. 그다
음 [확인] 버튼을 클릭하면 혜택이 등록된다.

❸ 여기서 끝난 것이 아니다. 발급된 혜택은 고객이 스토어를 방문하기 전까지는 알 수 없으므로 톡톡을 이용해 타기팅 대상에게 이 소식을 알려야한다. 스마트스토어 메인 화면 좌측의 관리 메뉴 중 [고객혜택관리] → [혜택 조회/수정]을 차례로 클릭한다.

스마트스토어에서 현재 진행 중인 다양한 혜택 목록이 나오면 그중 고객에게 톡톡 메시지를 알리고 싶은 혜택을 선택해 오른쪽에 있는 초록색의 [톡톡메시지] 버튼을 클릭한다. 그럼 타기팅 대상으로 선정한 고객들에게 메시지가 발송된다.

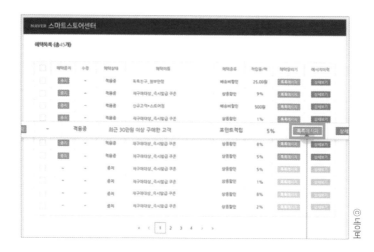

©네이버

▌ 기획전에 참여하면 노출 빈도가 높아진다

네이버 기획전은 스토어의 상품을 다양한 방식으로 홍보하고 판매할 수 있는 쇼핑 플랫폼이다. 할인 행사를 통해 판매율을 높이고 단골 고객을 늘리고 싶지만 어떻게 해야 할지 모르겠다면 네이버쇼핑의 기획전을 이용하면 도움이 된다. 기획전은 진행하는 행사의 콘셉트에 따라 할인 행사, 단골 고객 행사 등 다양한 형태로 운영이 가능하므로 판매자의 필요에 맞게 선택한다. 기획전을 진행하면 네이버쇼핑의 기획전 메뉴에서 다양하게 노출되는데, 상품 할인 및 적립 혜택이 높고 잘 구성된 기획전은 모바일 쇼핑판 노출기회가 주어진다.

기획전은 기간 내 1개의 기획전만 운영이 가능하다. 모든 기획전은 소비자에게 할인, 쿠폰, 포인트 등의 혜택을 제공해야 하며 명확한 기획전 주제가 있어야 한다. 또한 가품, 배송, 재고에 대한 이슈가 없어야 하며 기획전 내 등록 상품 수는 최소 50개 이상 500개 미만이어야 한다. 섹션당 11~100개를 권장하고 있다. 모바일과 PC에서의 할인 혜택이 동일해야 한다.

| 네이버쇼핑의 기획전 메인 페이지

ⓒ네이버

| 스마트스토어에서 진행하는 기획전 페이지

ⓒ네이버

네이버가 공지하는 기획전에 지원하는 법

스마트스토어를 운영하는 판매자들이 자주 방문해야 할 곳 중 하나는 바로 네이버쇼핑 파트너 공식 블로그(blog.naver.com/naver_seller)다. 이곳에서는 판매자들이 스토어를 운영하는 데 도움이 되는 다양한 팁과 소식을 전하고, 판매 활동에 유용한 프로모션 소식을 알려 주기 때문이다. 기획전에 대한 공지사항 역시 공식 블로그에 올라오므로 판매자는 수시로 블로그를 참고해 기획전에 대한 정보를 얻는 것이 좋다. 카테고리별로 다양한 기획전 정보가 올라와 있으므로 이를 보고 양식에 맞춰 신청하면 된다. 기획전 스토어로 선정되면 PC와 모바일 메인 페이지 기획전 영역에 상품이 노출된다. 당연히 경쟁률이 높지만 매출 상승효과가 매우 큰 영역이므로 꾸준히 지원할 것을 추천한다.

| 네이버쇼핑 파트너 공식 블로그의 '패션스마트스토어' 카테고리에 올라온 기획전 안내문

| 기획전 모집 안내문 하단에 있는 제안 방법과 양식

■ 제안방법
✓ 제안마감 : 11/30일 주 차 타임특가건에 대해 __11/19(목)__ 24시 취합을 마감합니다.
✓ 제안방법 : 제안양식 작성란을 모두 기재 후 폼에 업로드

[네이버 패션] 타임특가 제안
● 타임특가 주요 내용 : 네이버 쇼핑판 모바일 (핫딜
form.office.naver.com

ⓒ도토리

판매자가 직접 기획전을 등록하는 법

❶ 스마트스토어센터에 판매자로 로그인한다. 화면 좌측의 다양한 관리 메뉴 중 [노출관리] → [기획전 관리]를 차례로 클릭한다.

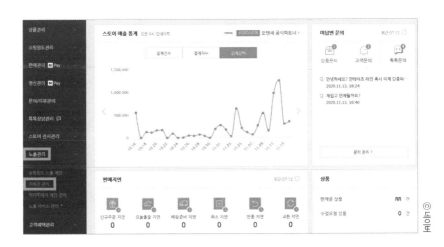

ⓒ네이버

❷ '기획전 관리' 페이지가 나오면 화면 오른쪽 하단에 있는 [신규 기획전
등록] 버튼을 클릭한다. 기획전을 등록하기 전에 등록 방법에 대해 자세한
설명을 보고 싶다면 화면 왼쪽의 [기획전 등록 가이드] 버튼을 눌러 안내문
의 내용을 미리 숙지한다.

❸ 기획전 타입, 카테고리, 기획전 제목, 기획전 URL 등의 기본 정보를 차
례대로 입력한다. 기획전 제목은 짧고 명확하면서 제공 혜택이 들어가는 것
이 좋다. 또한 태그를 등록해야 하는데 의미가 불명확하고 모호한 단어, 드
라마명이나 연예인 이름 등은 사용할 수 없다. 기준에 맞지 않은 태그를 등
록할 경우 기획전 승인이 거절될 수 있으니 주의해야 한다.

기본정보 입력

| 기획전 타입 | 즉시할인 | 소식알림 동의 쿠폰 | 스토어찜 쿠폰 | 포인트 적립 |

카테고리 대분류 ▼ 중분류 ▼

기획전 제목 0/45 byte

기획전 URL 기획전 URL이 자동생성됩니다.

태그명 ⓘ # 추가

태그는 총 10개까지 등록 가능하며, 10자 이내로 입력, 띄어쓰기 없이 입력해야야 합니다.

© 네이버

❹ 모든 항목을 다 입력하고 상품 이미지까지 업로드했다면 하단의 [저장하기] 버튼을 클릭한다. 그리고 등록된 기획전을 기획전 목록에서 확인한 후 [기획전 노출 심사요청] 버튼을 클릭한다. 그럼 영업일 3일 내로 심사 결과가 나온다. 기획전의 상품 노출 순서나 노출 기간 등을 수정하고 싶다면 심사 요청 전에만 가능하므로 심사 요청 버튼을 누르기 전에 입력한 내용을 다시 한번 꼼꼼하게 확인한다.

가장 자신 있는 상품은 '럭키투데이'로 홍보한다

럭키투데이와 기획전의 가장 큰 차이점은 상품의 개수다. 럭키투데이는 기획전과 달리 하나의 상품만 제안하는 것도 가능하다. 판매자는 가장 자신 있는 상품 하나를 럭키투데이에 노출하면 뛰어난 홍보 효과로 인해 판매를 높일 수 있다.

효과가 확실한 만큼 엄격한 상품 등록 기준

럭키투데이는 스마트스토어 판매자들에게 인기가 많은 영역인 만큼 상품 등록 기준이 매우 까다로우므로 미리 숙지하고 있어야 한다. 럭키투데이 상품은 주 1회 1개 상품만 등록이 가능하며, 동일 상품번호인 경우 월 1회만 등록할 수 있다. 또한 현재 판매 중인 상품만 등록이 가능하며 진행 기간은 최소 3일, 최대 7일이다. 현재 판매가보다 제안가가 낮아야 하는 것은 물론이다. 럭키투데이 필수 조건의 미충족으로 인해 월 2건 이상 검수 반려가 발생할 경우 30일간 럭키투데이 상품 등록 및 제안이 불가하므로 상품 등록 전에 등록 기준을 꼼꼼하게 확인해야 한다.

| 네이버쇼핑 메인 화면에 노출된 '럭키투데이' 상품

직접 럭키투데이 상품을 등록하는 법

❶ 스마트스토어센터에 판매자로 로그인한다. 화면 좌측의 다양한 관리 메
뉴 중 [노출관리] → [럭키투데이 제안 관리]를 차례로 클릭한다.

❷ 제안 등록 및 진행 안내 페이지가 나오면 화면 중앙의 초록색 [제안 등
록하기] 버튼을 클릭한다.

177

❸ 상품 ID부터 상품명, 판매가, 할인가, 노출 영역, 제안가, 럭키투데이 상품명, 진행 기간 등의 항목에 모두 입력을 마친 후 [저장하기] 버튼을 클릭하면 신청된다.

전략 제안 상품			
상품ID		확인 윈도 상품찾기 스마트스토어 상품찾기	
상품명			
판매가			
할인가	PC (100%)	모바일 (100%)	

©네이버

종합쇼핑몰의 MD를
내 편으로 만들어라

매출을 한 곳으로 집중시키는 것도 방법이다

오픈마켓은 '판매 중개업'으로 분류되기 때문에 오픈마켓에서 상품 판매의
주체는 판매자이며, 판매자에게 많은 권한이 주어진다. 판매자는 판매를 높
이기 위해 키워드 광고, 이벤트 진행 등 스스로 다양한 마케팅 활동을 펼칠
수 있다. 이와 달리 종합쇼핑몰은 '판매업'으로 분류되어 판매의 주체가 쇼
핑몰이기 때문에 MD의 권한이 크며 오픈마켓에 비해 판매자가 스스로 할
수 있는 부분이 많지 않다.

따라서 종합쇼핑몰은 판매자의 마케팅 활동보다는 MD와의 협업이 얼마
나 잘 되는가가 매출에 더 큰 영향을 주게 되는데 모든 판매자가 담당 MD
와 직접 커뮤니케이션의 기회를 잡는 것은 쉽지 않다. 왜냐하면 종합쇼핑몰
에는 한 카테고리당 적어도 수백, 수천 개의 판매업체가 입점해 있어서 MD

가 자신이 담당하는 모든 판매업체와 직접 커뮤니케이션하는 것은 현실적으로 불가능하기 때문이다. 결국 MD는 매출 실적이 좋은 소수의 판매업체와만 커뮤니케이션을 할 수밖에 없다.

그런데도 판매자로서는 매출 상승을 위해서 MD와의 교류를 포기할 수 없으므로 나 역시 초기에 이런 문제로 고민이 많았다. 이때 한 가지 나름의 전략을 세웠다. 당시에 우리 회사는 10개의 종합쇼핑몰에 입점해 있었는데 전체 매출이 5,000만 원 정도였고 10개 종합쇼핑몰에 고르게 분산되어 있어서 한 쇼핑몰의 매출이 약 500만 원가량 되었다. 사실 이 정도는 각 쇼핑몰의 담당 MD가 관심 가질 실적이 아니었다. 따라서 일단 한 곳의 종합쇼핑몰에 매출을 전부 몰기로 했는데 종합쇼핑몰 10곳 중에 이 전략이 성공할 가능성이 가장 높아 보이는 A 쇼핑몰에 매출을 집중시키기 위해 A 쇼핑몰의 판매가를 가장 낮게 책정했다. 예를 들어 똑같은 상품을 A 쇼핑몰에서는 1만 원에 판매하고 나머지 9개 쇼핑몰에서는 1만 500원에 판매한 것이다. 그랬더니 얼마 지나지 않아 매출이 A 쇼핑몰로 집중되면서 5,000만 원의 매출 대부분이 A 쇼핑몰에서 발생했고, 대신 나머지 9개 쇼핑몰의 매출이 거의 발생하지 않게 됐다. 회사의 전체 매출은 변함없었지만 A 쇼핑몰의 MD에게는 전혀 다른 판매업자로 인식된 것이다. 매출 실적이 500만 원 정도인 판매자와는 어느 MD도 적극적으로 커뮤니케이션하려고 하지 않지만 자사 쇼핑몰에서 매출이 5,000만 원 정도 되면 해당 쇼핑몰의 MD가 관심을 가질 수밖에 없고 그때부터 긴밀한 협력이 시작된다.

이후 A 쇼핑몰과의 원활한 소통을 통해 5,000만 원의 매출을 6,000만

~7,000만 원으로 올릴 수 있었고, 이 실적을 무기로 나머지 9개 쇼핑몰의 MD를 찾아가 협업을 시도했다. 그러면 다른 곳의 MD들은 자사 쇼핑몰에서의 매출이 저조함에도 경쟁 쇼핑몰에서의 매출 실적을 보고 잠재력이 있는 판매업체라고 판단해 관심을 가졌던 것이다. 이런 과정을 통해 나는 당시 크지 않은 매출을 가지고도 종합쇼핑몰의 MD들과 긴밀하게 커뮤니케이션하면서 매출을 빠른 속도로 늘릴 수 있었다.

이 전략이 모두에게 적용될 수는 없겠지만, 종합쇼핑몰은 MD와의 관계가 중요한 채널인 만큼 그 기회를 잡기 위해 나만의 전략을 세우고 노력해야 한다는 얘기다. 그래야 어렵게 입점한 종합쇼핑몰에서 원하는 매출을 기대할 수 있을 것이다.

▌한번에 억대 매출을 올릴 수 있는 TV홈쇼핑

온라인 벤더 사업을 하는 사람은 회사가 어느 정도 규모가 커지면 누구나 TV홈쇼핑 채널에 대해 한 번쯤은 관심을 갖게 된다. TV홈쇼핑은 온라인 쇼핑몰과 달리 한 상품으로 1개월에 수억 원에서 많게는 수십억 원까지 매출을 한번에 올릴 수 있는 채널이기 때문이다.

사업의 안정성 측면에서 볼 때 개인적으로는 그다지 추천하고 싶지 않은 채널이지만 온라인 사업을 하면서 TV홈쇼핑에 대한 기본 개념 정도는 알고 있는 것이 도움이 되므로 이에 대해 간략히 소개하고자 한다.

먼저 TV홈쇼핑의 진행 프로세스는 다음과 같다.

상품제안 → 상품선정 → 상품선정위원회 → 상품Q&A → 방송편성 → 쇼호스트배정 → 사전미팅 → 방송

판매자가 홈쇼핑에 상품을 제안하면 MD가 1차로 상품 선정을 하는데, 사실 대부분의 판매자가 이 단계를 통과하지 못한다. 왜냐하면 TV홈쇼핑의 높은 목표 매출을 달성할 수 있는 상품이 흔치 않기 때문이다. 홈쇼핑사의 목표 매출은 방송 시간대마다, 상품군마다 다르지만 1시간에 10억 원이 넘기도 한다. 따라서 평범한 상품을 홈쇼핑으로 제안하는 것은 무모한 일이라고 할 수 있다.

MD가 상품을 선정하면 일반적으로 상품 선정 위원회를 열어 회사 내부 구성원들의 다양한 의견을 청취한다. 이 과정에서 탈락할 수도 있지만 웬만하면 담당 MD의 의견을 존중하는 경우가 많다.

또 한 가지 관문이 상품 Q&A이다. 홈쇼핑 상품의 Q&A는 온라인 쇼핑몰 상품의 Q&A보다 훨씬 더 까다롭고 엄격하다. 때로는 홈쇼핑사 Q&A 담당자가 요구하는 서류를 준비하는 데만 몇 달이 소요되기도 하므로 MD가 상품을 선정하면 먼저 Q&A 담당자를 접촉해 필요 서류를 안내받고 미리 준비를 시작해야 시간을 절약할 수 있다.

이 모든 과정을 통과하면 방송 시간이 확정된다. 일반적으로 상품을 제안하고 나서 방송 편성이 되는 데까지 일이 일사천리로 진행된다고 가정해도 2~3개월 이상이 소요된다. 이후 담당 PD와 쇼호스트가 배정되고, 보통 방송 1~2주일 전에 사전 미팅을 한다. 이때 판매사는 상품 관련 자료를 준비해서 우리 상품의 어떤 점으로 어떻게 고객의 마음을 사로잡을 수 있는지 방송 스태프들에게 설명한다. 신규 상품의 경우 사전 미팅을 2회 이상 진행하기도 한다.

방송을 진행할 때 판매자는 협력사 대기실에서 주문 현황을 보며 실시간으로 들어오는 고객 문의와 관련한 홈쇼핑사 콜센터 직원들의 요청과 문의에 응대한다. 방송이 끝나면 실적에 따라서 MD가 재편성을 할지 드롭을 할지를 결정한다.

라이브 방송 vs. 녹화 방송

TV홈쇼핑은 크게 두 가지로 구분한다. 하나는 라이브로 진행하는 방송이고 다른 하나는 'T커머스'로 불리는 녹화 방송이다. 고객들이 보면 구분하기가 쉽지 않을 수도 있다. 예를 들면 CJ오쇼핑의 경우 두 개의 채널에서 동시에 방송을 하는데, 하나는 라이브고 다른 하나는 녹화 방송이다. 라이브 방송의 경우 보통 40분에서 1시간 정도로 한 상품을 방송하고, 녹화 방송의 경우에는 보통 20분의 녹화 방송을 만들어서 2, 3회 반복 재생한다.

라이브 방송의 시간당 매출 규모가 녹화 방송보다 훨씬 크다. 이는 라이브 방송의 채널이 소위 로열 채널(공중파 채널 사이)에 배치되어 있고, 라이브 방송의 경우 다른 방송사들의 CF 타임(채널 이동 시간)에 적극적으로 대응할 수 있기 때문이다. 예를 들어 바로 앞 채널에서 인기 프로그램의 방송이 끝나고 광고가 나오면 시청자들은 채널을 돌리는데, 그 시간에 홈쇼핑 채널에 신규로 유입되는 시청자가 일시적으로 많아진다. 이때는 채널 고정을 유도하기 위해 상품에 대한 설명을 간략하게 다시 해 주거나 임팩트 있는 시연 장면들을 보여 줘야 한다. 이런 상황에서 라이브 방송은 바로 대응이 가능하지만, 녹화 방송은 전혀 대응할 수가 없다.

정액 광고비 방송 vs. 정률 수수료 방송

홈쇼핑 판매 수수료 지급 방식은 크게 두 가지로 구분된다. 광고비를 내고 방송 시간을 사는 개념인 정액 광고비 방송과 매출에 따라서 홈쇼핑과 이익을 나누는 개념인 정률 수수료 방송이 있다. 정액 광고비 방송은 홈쇼핑사 입장에서는 방송의 성공, 실패와 관계없이 일정한 수익을 얻을 수 있기 때문에 주로 리스크가 큰 신상품인 경우에 선호한다. 하지만 반대로 광고비가 만만치 않기 때문에 판매자에겐 위험 부담이 크다고 할 수 있다. 현실적으로 홈쇼핑사에서 진행 방식을 정하는 경우가 많다 보니 최근에는 예전에 비해서 정액 광고비 방송이 증가했다. 물론 홈쇼핑사마다 정책이 모두 달라서 어떤 곳은 정률 수수료 방송만 하기도 한다. 매출이 많이 나오기만 한다면 정액 광고비 방송이 판매자한테도 유리하기 때문에 반드시 어느 쪽이 유리하고 불리하다고 단정할 수는 없다.

소규모 온라인 벤더에게는 녹화 방송이 적합하다

나는 라이브 방송보다는 녹화 방송을 추천한다. 그 첫 번째 이유는 아직 검증되지 않은 신상품을 론칭할 때 라이브 방송의 목표에 맞게 재고 물량을 준비하는 것은 리스크가 너무 크다고 생각하기 때문이다. 녹화 방송의 경우

라이브 방송에 비해 훨씬 적은 물량만 준비해도 되기 때문에 혹시나 방송 실적이 좋지 않아서 재고를 다른 곳에 처리해야 할 때 비교적 수월하게 대처할 수 있다.

두 번째는 일의 양 때문이다. 만일 론칭 방송이 성공해서 향후 계속 방송을 하게 된다면 라이브 방송의 경우에는 방송을 할 때마다 사전 미팅도 가야 하고, 방송 당일 직원들과 함께 스튜디오에 가서 방송 상품을 세팅해야 한다. 하지만 녹화 방송은 녹화를 한번 해 놓으면 홈쇼핑사에서 알아서 방송을 재생하기 때문에 판매자가 추가로 할 일이 거의 없다.

또한 1회 방송의 매출은 라이브 방송이 녹화 방송의 수 배 규모지만 녹화 방송은 실적이 좋기만 하면 재편성이 쉽기 때문에 결국 월 매출 합계로 보면 라이브 방송과 큰 차이가 나지 않는 경우가 많다. 따라서 라이브 방송은 규모가 큰 대기업이나 중견기업의 상품을 판매·홍보하는 데 어울리고, 상대적으로 규모가 작은 벤더의 경우 녹화 방송이 효율성이나 리스크 측면을 고려할 때 더 적합하다.

물량 확보와 처리가 관건이다

TV홈쇼핑에 관심이 있다면 가장 중요하게 생각해야 할 것이 상품의 재고다. 앞서 언급한 것처럼 TV홈쇼핑의 1회 방송 매출 목표가 보통 수억 원이기 때문에 방송 전에 수억 원의 재고 물량이 준비되어 있어야 한다. 그러다 보니 신상품을 홈쇼핑에서 론칭하고 생각만큼 실적이 좋지 않아 재고 처리 문제로 힘들어하는 회사를 많이 보게 된다. 따라서 TV홈쇼핑 판매를 생각한다면 방송 실적이 좋지 않았을 때 재고를 소진할 다른 채널이 준비되어 있는지를 가장 먼저 고려해야 한다. 홈쇼핑사는 재고 소진에 아무런 책임이 없으므로 어떠한 도움도 기대할 수 없다.

'시간'을 한정하는 판매 전략이 필요하다

마지막으로 TV홈쇼핑에서 상품을 판매할 때 다른 채널과 다르게 고려해야 할 것이 있는데 그것은 바로 '시간' 개념이다. "왜 '이 상품'을, 왜 '이 시간'에 사야 하는가?" TV홈쇼핑을 유심히 보는 사람들은 잘 알겠지만 보통 홈쇼핑 방송을 할 때 방송 종료 시각 약 20분 정도 전부터 남은 시간을 화면에 띄운다. 그 시간이 지나면 더 이상 그 상품을 같은 조건에 살 수 없는 경우가 많기 때문에 시청자들은 초조함을 느끼게 된다. 따라서 온라인 쇼핑몰에서 상품을 판매할 때 왜 '이 상품'을 사야 하는가에 집중했다면 TV홈쇼핑은 왜 '지금' 사야 하는지를 반드시 같이 설명해야 한다.

방법은 여러 가지가 있다. 해당 방송 시간이 지나면 상품의 판매를 아예 중지하는 방법(보통 재고가 없어서 어쩔 수 없이 판매 중지하는 경우도 많다), 또 방송 시간에만 특정한 혜택, 즉 가격 할인이나 사은품을 증정하고 방송이 끝나면 다시 가격을 올리거나 사은품을 빼는 방법 등이다.

TV홈쇼핑 상품을 동일한 조건에 아무 때나 살 수 있다면 한정된 시간에 폭발적인 매출이 나오기 힘들 것이다. 따라서 '시간' 개념을 함께 고민해야 TV홈쇼핑 방송 실적을 좋게 만들 수 있고, 그래야만 지속적인 편성을 보장받아 높은 매출을 달성할 수 있다.

배송은 빠르면
빠를수록 좋다

판매 채널에 입점하고 상품을 등록하고 나면 고객의 주문을 설레면서도 긴장된 상태로 기다리게 된다. 그리고 마침내 고객의 주문이 들어오면 최대한 빨리 안전하게 포장해서 배송을 마쳐야 한다. 고객들은 주문 버튼을 누르는 순간부터 주문한 상품이 배송되기를 기다리기 때문에 고객의 만족도를 높이기 위해서는 빠른 배송이 중요하다. 빠른 배송을 하려면 미리 내가 입점한 판매 채널의 판매 관리 메뉴의 이용 방법을 숙지하고 있어야 한다.

신규 주문 확인하는 법

G마켓, 옥션, 11번가, 쿠팡, 네이버 스마트스토어 모두 판매 관리 메뉴 이용 방법이 비슷하므로 가장 대표적인 G마켓과 옥션을 예로 들어 설명한다.

❶ G마켓과 옥션 판매자는 상품 등록부터 주문 관리까지 모두 통합 셀링 플랫폼인 ESM PLUS에서 진행한다. ESM PLUS에 판매자 아이디로 로그인하면 메인 화면 중앙에 주문, 배송, 클레임, 고객 문의 건수가 확인하기 쉽게 정리되어 나온다. 주문 메뉴 항목 중 [신규주문] 옆에 있는 발생 건수를 클릭하면 신규로 발생한 주문 내역을 확인할 수 있는 상세페이지로 이동한다.

❷ 신규 주문 목록을 확인한 후 상품 체크 박스를 선택하고 [주문확인] 버튼을 클릭하면 발송 요청 단계로 넘어간다. 주문 확인 후 발송 마감일 이후에도 상품을 실제로 발송하지 않거나 구매자의 요청 없이 임의로 취소할 경우 불이익을 받을 수 있으니 반드시 재고 수량을 확인한 후에 주문 확인을 해야 한다. 특히 주문 제작 상품의 경우에는 구매 고객에게 발송 예정일을 정확하게 안내한 후 주문 확인을 해야 한다.

상품 발송 현황 확인하는 법

❶ ESM PLUS 메인 화면 중앙에 있는 주문 메뉴 항목 중 [발송예정] 옆에 있는 발생 건수를 클릭하면 발송 상품 내역을 확인할 수 있는 상세페이지로 이동한다.

❷ '발송처리' 페이지 하단에 발송 상품 내역이 리스트로 나온다. 발송 처리
할 상품의 체크박스를 선택한 후 [발송처리] 버튼을 클릭하면 배송 중 상태
로 넘어가고, 배송이 완료되면 배송 완료 상태로 변경된다.

❸ 최근 발송 처리한 상품들의 배송 현황을 체크하고 싶다면 '배송중/배송
완료' 페이지에서 확인하면 된다. 아직 배송이 진행 중인 상태라면 '배송중'
으로, 고객이 상품을 받은 상태라면 '배송완료'로 표시된다.

판매 데이터를 보면
마케팅 전략이 나온다

사업 초반에는 주문 건수가 많지 않으니 등록한 상품 중에서 어떤 상품이 가장 많이 판매되는지, 일 매출이 얼마인지, 반품 건수가 몇 개나 되는지, 고객이 주로 어떻게 유입되는지, 주 고객이 누구인지 등을 파악하는 것이 어렵지 않다. 하지만 판매하는 상품 수가 많아지고 고객이 늘어나고 판매율이 높아질수록 파악이 어려워진다. 판매자는 이 부분에 대해 명확하게 알고 있어야 앞으로의 회사 운영 방향을 결정하고 판매 전략을 수립할 수 있으므로 간과해서는 안 된다.

네이버 스마트스토어의 경우 판매 분석 시스템이 잘 마련되어 있기 때문에 판매자가 판매 내역을 분석하는 것이 어렵지 않다.

❶ 스마트스토어센터에 판매자 아이디로 로그인한 후 왼쪽 메뉴 중 [통계]

→ [판매분석] 버튼을 차례로 클릭하면 스토어의 다양한 판매 관련 통계 자료를 볼 수 있다.

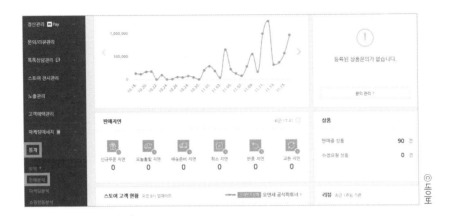

② '판매분석' 페이지의 상단 메뉴를 보면 판매 성과, 상품 성과, 상품·마케팅채널, 상품·검색채널, 상품·인구통계, 상품·고객프로파일, 상품·지역 등 여러 항목의 통계 수치를 보여 주므로 자신의 필요에 따라 선택해서 보면 된다.

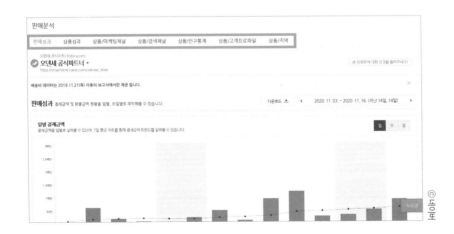

❸ 내 스토어가 잘 운영되고 있는지 좀 더 상세한 통계 자료를 보고 싶다면 네이버 애널리틱스(analytics.naver.com)를 이용하는 것도 좋은 방법이다. 방문자들이 어떤 유입 채널을 통해 내 스토어에 방문하는지, 가장 인기 있는 페이지는 어디인지, 방문자의 나이·성별이 어떻게 되는지 등을 파악함으로써 마케팅 활동을 개선할 수 있다.

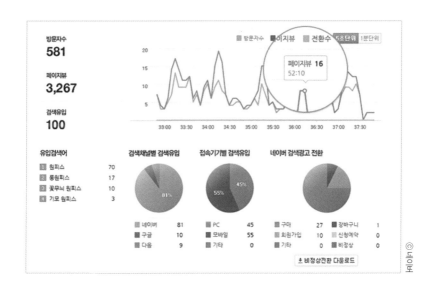

구매 후기보다
좋은 광고는 없다

▎상세페이지 제작 시 구매 후기를 반영해라

온라인으로 물건을 구입하는 소비자들은 다른 구매자들의 구매 후기를 꼭 확인한다. 온라인 쇼핑은 상품을 직접 보거나 만질 수 없기 때문에 어느 정도는 불안한 마음을 가지고 구매할 수밖에 없는데, 나보다 먼저 구매한 사람들이 실제 경험해 보고 작성한 후기는 구매 결정을 하는 데 큰 도움이 되기 때문이다.

따라서 판매자 입장에서도 구매 후기가 중요할 수밖에 없다. 요즘 소비자들은 가격에서 큰 차이가 나지 않는다면 조금 비싸더라도 후기가 많은 상품을 구입하는 경향이 있기 때문에 많은 후기가 판매에 도움이 되는 것은 물론이다. 또한 구매 후기가 많을수록 상위 노출에 유리하므로 이에 대한 관리는 판매자에게 매우 중요하다.

구매 후기를 작성하는 고객 중에는 단순히 상품을 구매한 쇼핑몰에서 포인트를 받기 위해 형식적으로 작성하는 경우도 있지만, 해당 상품에 관심을 갖는 다른 소비자의 구매 결정에 도움을 주기 위해서 작성하는 경우도 있다. 판매자는 후자에 관심을 가져야 한다. 실제로 사용해 본 구매자가 꼼꼼하게 작성한 후기는 소비자는 물론, 판매자에게도 큰 도움이 된다. 간혹 구매 후기 중에 판매자가 전혀 발견하지 못한 상품의 좋은 점에 대한 내용이 있을 수 있다. 판매자가 최대한 정확하게 상품의 특징을 파악해서 상품의 상세페이지를 제작했다고 하더라도 놓치는 경우가 생긴다. 이를 또다시 대강 보아 넘기지 말고 상세페이지의 상품 설명 내용에 반영한다면 매출에 도움이 될 것이다.

▌구매 후기에 답글 다는 법

판매자가 구매 후기에 답글을 남기면 스토어에 대한 고객의 신뢰도가 상승한다. 부정적인 내용의 구매 후기가 올라왔을 때는 답글로 대처할 수도 있다. 리뷰 내용이 대부분 비슷하기 때문에 판매자는 똑같은 내용의 답글을 복사·붙여넣기 방법으로 작성하는 경우가 많다. 하지만 반복적인 답글이 아닌 정성스러운 답글을 작성할수록 고객의 감동은 더욱 커질 것이다.

여러 판매 플랫폼 중 대표로 네이버 스마트스토어에서 구매 후기에 판매자가 답글 남기는 방법을 알아보자.

❶ 스마트스토어센터에 판매자 아이디로 로그인한 후 왼쪽 메뉴 중 [문의/
리뷰관리] → [리뷰 관리]를 차례로 클릭하면 리뷰 페이지가 나온다.

❷ 페이지 하단에 고객의 리뷰 목록이 최신 순서대로 정리되어 나온다. 구
매자 평점과 포토 후기 여부는 리스트에서 손쉽게 확인이 가능하다. 답글을
달고 싶은 리뷰를 선택하고, 해당 리뷰의 상품 번호 앞에 있는 체크 박스에
체크 표시를 한 다음 [답글 작성] 버튼을 클릭하면 답글을 쓸 수 있는 창이
열린다. 리뷰가 매우 성의 있고, 평소 스토어에서 상품을 자주 구매하고 리
뷰도 열심히 작성하는 고객이라면 베스트 리뷰로 선정하고 혜택을 주는 것
이 좋다. 베스트 리뷰어로 선정된 고객은 앞으로도 계속 좋은 후기를 쓸 가
능성이 높다.

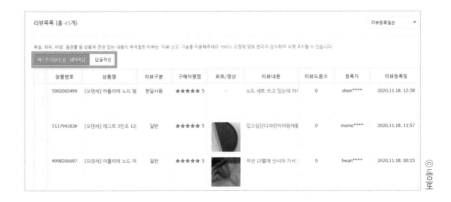

③ 고객이 작성한 리뷰의 전체 내용을 확인한 후 리뷰 내용에 맞게 답글을 작성하고 [답글 등록] 버튼을 클릭하면 답글 작성이 완료된다. [답글 등록] 버튼을 클릭하기 전에 내용을 정확히 확인해서 엉뚱한 답글을 달지 않도록 주의해야 한다.

CHAPTER 6

돈이 저절로 벌리는
회사는 이것이 다르다

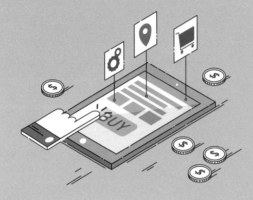

똑같은 상품을
다르게 판다

어떤 상품을 판매하고자 할 때, 이미 시장에는 유사한 상품이 적게는 수십 개에서 많게는 수백 개 이상 존재한다고 봐야 한다. 그만큼 온라인 시장에는 없는 상품이 없을 정도로 다양한 상품이 판매되고 있다. 다시 말해 특허를 낼 정도로 아이디어나 디자인이 돋보이는 상품 몇 가지를 제외하고는 판매 경쟁이 매우 치열하다. 이렇게 경쟁이 치열한 온라인 시장에서 내가 판매하고자 하는 상품의 경쟁력을 높이려면 어떻게 해야 할까? 그 방법을 소개한다.

▍최저가 전략을 포기하지 마라

가장 확실한 방법인 동시에 가장 어려운 방법은 판매 가격에서 경쟁력을 높이는 것이다. 쉽게 말해 유사 상품 중에서 가장 저렴한 가격으로 판매하는 것인데 벤더사는 제조사가 아닌 유통회사이기 때문에 정상적인 마진을 확보하면서 남들보다 저렴하게 판매하는 것은 결코 쉬운 일이 아니다.

유통회사가 제조사보다 가격 경쟁력이 높다는 것이 이론적으로는 불가능해 보이지만 내 경험상 반드시 그런 것만은 아니다. 실제로 온라인에서 판매되는 수많은 최저가 상품들의 판매자를 검색해 보면 유통회사도 꽤 많다. 그렇다면 이들은 어떻게 제조사보다 더 높은 가격 경쟁력을 가질 수 있었을까? 그 방법은 2장의 '가격이 상품의 운명을 가른다'에서 자세히 설명한 바 있으나 여기서 다시 한 번 간단하게 정리해 보기로 한다.

판매 가격을 정할 때 상품의 제조 원가(또는 매입 원가)만 고려하는 것이 아니다. 배송비, 쇼핑몰 판매 수수료, 쇼핑몰 광고비, 세금 등의 비용도 함께 적용한다. 유통회사는 제조사로부터 상품을 매입한 다음 마진까지 붙이기 때문에 제조사가 직접 온라인에서 판매하는 상품보다 매입 원가가 올라갈 수밖에 없다. 하지만 배송비, 쇼핑몰 판매 수수료, 광고비 등의 비용을 줄이면 판매 가격을 낮추는 것이 얼마든지 가능하다.

배송비는 거래하는 배송 업체의 대리점과 협상해서 조금이라도 낮추고, 쇼핑몰 판매 수수료는 영업력으로 쇼핑몰 MD와 협상을 잘 하는 수밖에 없다. 예를 들어 오픈마켓의 일반적인 수수료가 8~12% 정도인데, MD와 협의만 잘하면 3%대까지 낮출 수도 있다. 수수료 9%의 차이는 가격 경쟁력을 높이는 데 매우 큰 역할을 한다. 또한 광고비는 누가 얼마나 더 효율적으로 광고를 운영하느냐에 따라 비용의 규모가 달라진다. 예를 들어 A 업체가 어떤 상품을 판매하면서 매출의 3%를 광고비로 지출한 반면 B 업체는 A 업체와 비슷한 노출 효과를 보면서 1% 정도의 비용만 지출할 수도 있다. 광고비 2%의 차이는 판매 가격을 낮추는 데 생각보다 큰 영향을 미친다.

제조사로부터 매입 원가를 최대한 낮추는 방법도 있다. 원부자재 업체와 직접 협상을 할 수도 있고, 초기에 일정 물량만 저렴하게 매입하는 방법도 있다.

가격 경쟁력으로 타 업체와 차별화한다는 것은 벤더사로서는 가장 어려운 방법이다. 하지만 최저가는 매출 상승에 가장 빠르게 반영되는 요인이므로 쉽게 포기하면 안 된다.

▌타사 상품에 없는 기능을 추가한다

상품의 기능적인 부분을 차별화하려면 도매업체를 통한 소싱이 아닌, 제조사와 직접 거래를 해야만 가능하다. 상품의 기능을 업그레이드한다고 해서 어렵게 생각할 필요 없다. 기존 상품에서 아주 소소한 기능 하나만 추가해도 차별화가 가능하다.

예를 들어 요즘 인기를 끄는 로킹체어(흔들의자)의 손잡이 부분에 리모콘을 넣을 수 있는 작은 주머니 하나를 추가하고 싶다고 제조사에 요청하면 의외로 쉽게 반영해 준다. 기존 상품에 주머니 하나 추가하는 일은 매우 간단한 작업이기 때문이다. 또 작업용 앞치마의 주머니에 가위나 펜치처럼 날카로운 도구를 넣으면 주머니가 손상될 우려가 있으니 주머니 부분만 인조

가죽으로 바꿔서 제작해 달라고 요청하면 이 또한 제조사는 수락하는 경우가 많다.

이처럼 기능을 차별화한다는 것은 대단히 거창한 일이 아니라, 작은 아이디어가 반영된 소소한 변화를 의미한다. 기능을 조금 업그레이드한다고 해서 매출이 갑자기 몇 배로 뛰지는 않는다. 하지만 누군가는 이런 차이 하나 때문에 다른 유사 상품을 제치고 이 상품을 구매할 수도 있다. 온라인 시장 규모가 매우 크기 때문에 100명 중 단 두세 명만이라도 이 작은 아이디어가 마음에 들어 상품을 구매한다면 이 차별화 전략은 효용이 있는 것이다.

▌색상만 달라도 상품이 달라 보인다

디자인에 차별화가 필요하다고 하면 '나는 디자인 분야에 대해 전혀 모르는데' 하며 지레 겁부터 먹는다. 하지만 이 역시 소소한 변화만으로도 얼마든지 차별화를 내세울 수 있다.

예를 들어 몇 년 전까지만 해도 침대 매트리스의 커버는 전부 흰색이었다. 그런데 나는 저렴한 가격대의 1인용 매트리스를 판매하면서 핑크와 블루 색상의 상품도 추가해야겠다고 생각했다. 1인용 매트리스를 구매하는 소비자들은 대부분 침대 프레임 없이 바닥에 놓고 쓰기도 하고, 매트리스 패드를 깔지 않고 그대로 사용하는 경우가 많으니 다른 색상이 있어도 좋을 것 같다는 생각이 들었기 때문이었다. 예상대로 색상만 두 가지 추가했을 뿐인데 소비자들의 반응이 좋았다. 이처럼 색상 같은 간단한 디자인 요소는 얼마든지 차별화할 수 있으므로 끊임없이 아이디어를 궁리할 필요가 있다. 물론 이런 작은 변화는 경쟁사들이 금방 따라올 수 있다는 단점이 있다. 하지만 온라인 시장에서 선점은 매우 중요하기 때문에 꾸준히 남들보다 빠르게 움직인다면 분명 효과는 무시할 수 없다.

| 사람들은 브랜드를 선호한다

유사한 상품일 경우 브랜드가 있는지 없는지에 따라 소비자의 선택이 달라지기도 한다. 독자적인 브랜드를 만들어도 되지만 현실적으로 시간과 비용이 꽤 많이 필요한 일이라 쉽지 않다. 잘 알아보면 라이선스 계약을 체결하고 한국에서 사용할 수 있는 해외 브랜드가 꽤 많다. 특히 유럽은 수십 년, 수백 년 된 브랜드가 많고 그중 한국에 진출하지 않은 브랜드가 대부분이다. 유럽에서 꾸준히 인기를 얻고 있는 브랜드라면 국내 라이선스 계약이 쉽지 않겠지만, 회사가 기울어 상표권만 살아 있는 브랜드라면 계약 체결이 생각보다 어렵지 않다. 유럽에서 크게 알려진 브랜드도 아니고 한국에 진출할 계획도 없다면 라이선스 계약 제안을 받아들이지 않을 이유가 없기 때문이다. 계약도 직접 만나지 않고 이메일로 편리하게 진행할 수 있다.

　라이선스 계약을 하면 단순히 브랜드명만이 아니라 브랜드의 히스토리까지 사용할 수 있기 때문에 홍보 활동에 매우 유리하다. 예를 들어 유사한 디자인의 앞치마 100개 중 가격은 다른 앞치마보다 10% 정도 비싸지만 유럽의 50년 된 브랜드 상품이면 더 비싼 가격을 지불하고서라도 구매하는 소비자가 꽤 있을 것이다. 라이선스 비용은 브랜드마다 천차만별인데 부담스럽지 않은 수준이라면 조금 더 투자해서 브랜드를 통해 다른 상품과 차별화하는 것도 좋은 방법이다.

❙ 사진 한 장으로 유입 수가 달라진다

동일한 상품이라도 사진을 색다른 구도로 찍거나 재가공하는 것만으로도 얼마든지 소비자에게 어필할 수 있다. 가령 침대의 경우 대부분의 업체가 항상 똑같은 구도로 사진을 찍는다. 침대의 모양과 디자인이 가장 잘 보이는 구도이기 때문이다. 그런데 나는 아무도 시도하지 않는 탑뷰로 사진을 찍어 그 사진을 섬네일thumbnail(대표 이미지)로 사용했다. 타 업체의 상품들과 전혀 다른 독특한 구도의 침대 섬네일이 궁금증을 유발했는지 상세페이지까지 들어와서 살펴보는 소비자가 꽤 많았다.

쇼핑몰이나 포털 사이트에서 침대를 검색하면 해당 상품의 섬네일, 상품명, 판매 가격이 노출된다. 소비자들은 물건을 구입할 때 이 세 가지만 보고 상세페이지까지 둘러볼지 말지를 결정하는 것이다. 그만큼 섬네일은 고객을 끌어들이는 데 매우 중요한 역할을 하므로 상품의 매력이 잘 드러나게 찍는 것만큼이나 눈에 띄게 찍는 것 또한 중요하다.

또 대부분 섬네일에 상품 이미지만 넣는데 상품 이미지 위에 브랜드명이나 강조하고 싶은 문구를 삽입하는 등 조금이라도 다른 섬네일을 제작하면 이를 보고 내 상품에 관심을 갖는 고객이 생긴다.

네이버에서 침대를 검색했을 때 노출되는 섬네일

섬네일에 문구와 브랜드명을 넣거나 2개의 이미지를 사용하는 등 차별화한 방법

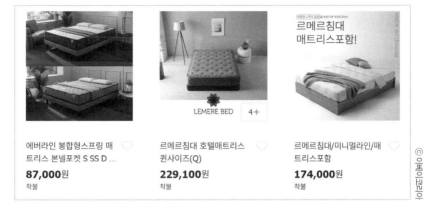

207

가격, 기능, 디자인, 브랜드, 이미지 이 다섯 가지로 상품을 차별화하는 방법에 대해 알아봤다. 시장에는 이미 수많은 상품이 존재하기 때문에 여태껏 보지 못했던 완전히 색다른 상품을 판매한다는 것은 사실상 불가능하다. 그래서 다른 상품과 조금이라도 차별화하는 것은 매우 중요하다. 후발주자가 차별화 전략이 전혀 없는 상태로 상품을 출시하면 실패할 확률이 높다. 앞에서 설명한 것처럼 차별화한다는 것이 굉장히 어렵고 복잡한 것이 아니므로 상품을 출시하기 전에는 항상 차별화 방법을 고민해 보기 바란다.

신상품 기획만큼
기존 상품 관리도 중요하다

▌온라인 벤더의 성장이 멈추는 결정적 이유

쇼핑몰에 상품을 등록하면 어느 순간 판매가 이루어지면서 매출이 오르지만, 대부분의 상품이 어느 정도 기간이 지나면 다시 일정한 비율로 완만한 하락세를 보인다. 나는 이것을 '자연 감소율'이라고 부른다. 매출이 하락하는 이유는 여러 가지가 있다. 다른 판매자들이 유사한 상품을 판매해서 떨어지기도 하고, 좋지 않은 상품평이 올라오거나 트렌드가 바뀌어도 이에 영향을 받고 떨어진다. 상품에 따라 어느 시점부터인지, 얼마나 가파르게 떨어지는지의 차이만 있을 뿐 어떤 상품도 영원히 안정적인 매출을 유지할 수는 없다.

예를 들어 A라는 상품은 쇼핑몰에 등록된 이후 매출이 꾸준하게 상승하면서 3개월 후에 월 매출 1,000만 원으로 정점을 찍었다. 매출은 몇 개월

도표 6-1 성장하는 회사의 매출 그래프

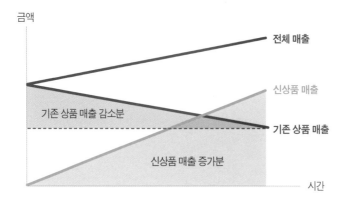

동안 유지되다가 언젠가부터 1개월에 대략 10%씩 떨어져서 그다음 달에는 900만 원, 또 그다음 달에는 810만 원을 기록했다. 이처럼 어떤 상품이든지 꾸준하게 상승하던 매출이 하락하는 순간이 온다.

　매출의 자연 감소는 어떤 상품도 피해 갈 수 없음을 받아들여야 한다. 다만 얼마나 방어를 잘하느냐에 따라 회사의 성장 여부가 갈리게 된다. 회사가 계속 성장하려면 기존 판매 상품의 자연 감소분보다 새로 등록하는 신상품의 매출 증가분이 더 커야 한다.

　기존 판매 상품의 매출 자연 감소분은 회사의 규모가 클수록 더 크다. 그만큼 신상품 매출에 대한 부담이 더 클 수밖에 없다. 가령 A와 B라는 회사의 기존 상품 자연 감소율이 똑같이 10%라고 하자. 1개월 매출이 1억 원인 A 회사는 1개월에 기존 판매 상품의 매출이 1,000만 원씩 감소하기 때문에 신상품 매출을 매달 1,000만 원씩 늘리지 않으면 회사는 역성장을 하게 된다. 반면 1개월 매출이 2,000만 원인 B 회사의 자연 감소분은 월 200만 원이므로 신상품 매출을 200만 원 이상만 만들면 성장한다.

보통 창업 초기에는 신상품이 증가하지만 시간이 지날수록 점점 줄어든다. 규모가 작은 벤더사의 경우 주로 대표가 신상품 기획을 혼자 도맡아 하는데 계속 한사람이 신상품 개발을 할 경우 아이디어가 점점 고갈되고 찾아갈 업체가 제한적이라 소싱이 힘들어지고 트렌드에도 뒤쳐지기 때문이다. 그만큼 기존 판매 상품의 자연 감소분보다 신상품의 매출 증가분을 더 크게 유지하는 것은 어려운 일이다. 많은 벤더사가 초반에 상승세를 보이다가 일정 시점이 되면 성장이 멈추고 점점 하락세를 보이다가 결국 폐업을 하는데, 바로 이런 이유 때문인 것이다.

▌기존 상품 매출 감소를 최소화하고 신상품 매출을 극대화하는 법

영업 업무는 크게 두 가지 방향으로 나눠서 운영하는 것이 좋다. 하나는 기존 판매 상품의 매출 감소분을 최소화하는 것이고, 다른 하나는 신상품의 매출 증가분을 극대화하는 것이다. 이 두 가지 업무는 벤더사가 지속적으로 성장하기 위해 가장 기본이 되는 핵심 업무라고 할 수 있다. 회사가 커질수록 자연 감소분 관리가 더 중요해지므로 처음부터 이 점을 놓치지 않아야 한다.

기존 상품의 관리

보통 기존 판매 상품을 관리하는 업무는 영업 직원이 담당하는 것이 일반적이다. 기존 판매 상품의 매출 감소를 최소화하기 위해서는 일단 기존 판매 상품들의 매출 움직임을 실시간으로 파악하고 있어야 한다. 온라인 쇼핑 시장은 매우 민감하고 빠르게 움직인다. 가령 회사의 히트 상품과 유사한 상품이 오늘 다른 회사에서 더 싼 가격으로 출시되면 우리 상품의 매출은 당장 오늘부터 하락세를 보일 수 있다. 따라서 시장 변화에 빠르게 대응하기 위해서는 회사 상품 하나하나의 판매 실적을 항상 예의주시해야 한다.

그런데 실제로 업무를 해 보면 이는 절대 쉬운 일이 아니다. 창업 초기에는 판매 상품이 얼마 되지 않으니 매일 전체 판매 실적을 파악하는 것이 어렵지 않다. 하지만 상품이 20개만 돼도 운영하는 쇼핑몰이 20곳이라면 상품 코드 400개의 움직임을 일일이 다 확인해야 하므로 이를 매일 관리하는 것이 쉬울 리가 없다.

일반적인 경우라면 상품 수량이나 회사 상황 등에 따라서 1주, 혹은 2주에 한 번 정도 매출 데이터를 관리하면 된다. 나는 상품 코드별 판매 데이터를 주별로 추출한 후에 전주 대비 20% 이상 매출이 하락한 모든 상품 코드에 대해서 해당 쇼핑몰에서 그 원인을 찾도록 했다. 물론 이렇게 해도 이유를 도저히 찾을 수 없거나, 이유를 알게 되어도 조치를 취할 수 없는 경우가 많다. 반면 원인이 명확해서 바로 조치를 취할 수 있는 경우가 있는데 그 예는 다음과 같다.

• 상품 상세페이지에 오류가 생겨 볼 수 없는 경우
판매 상품이 많은 회사라면 의외로 상세페이지의 오류 문제가 꽤 많이 발생한다. 일일이 직접 확인하지 않으면 문제가 발생했다는 사실을 모르는 채로 계속 놔두게 되므로 주기적인 관리가 필요하다.

• 할인쿠폰이 빠져 있는 경우

할인쿠폰은 판매자가 아닌 쇼핑몰에서 등록하는 경우도 있어 생각보다 이런 문제가 빈번하게 발생한다. 보통 할인쿠폰을 등록할 때 사용 기간을 함께 설정하는데, 기간이 지나면 자동으로 없어지므로 잘 관리해야 한다.

• 안 좋은 상품평이 구매 후기란 상단에 노출된 경우

요즘 소비자들은 상품평을 보고 상품을 구매하기 때문에 상품평이 좋지 않으면 판매량이 떨어지게 된다. 그래서 안 좋은 상품평이 후기란 상단에 올라와 있는 경우 조치를 취해야 하는데, 가장 좋은 방법은 단기적으로 판매가를 낮추면서 상품평 이벤트를 진행하는 것이다. 가령 상품평을 올리는 고객을 대상으로 추첨을 통해 경품을 주는 이벤트를 진행하면 좋은 후기가 평소보다 더 많이 올라오게 되므로 나쁜 후기는 뒤로 밀리게 된다. 물론 상품의 품질 자체가 좋지 않아서 상품평이 좋지 않은 경우는 해당되지 않고, 소비자가 악의적으로 올린 상품평일 때 이런 방법이 가능하다.

• 경쟁사가 유사 상품을 저렴한 가격에 판매하는 경우

가장 빈번하게 발생하는 상황으로 경쟁사가 동일 상품의 가격을 내렸거나 더 좋은 유사 상품을 출시했다면 타격을 받을 수밖에 없다. 가격을 낮추는 것이 현재 상황에서 불가능하다면 어쩔 수 없지만 가능하다면 바로 대응을 해야 한다.

• 키워드 광고 종료로 인해 노출이 제한된 경우
광고 계약 기간이 종료되면 노출이 제한되므로 판매량이 감소할 수 있다. 광고 효과로 판매가 순조롭던 상품의 매출이 갑자기 떨어지면 회사의 전체 매출에도 영향을 미치므로 계약 기간을 잘 관리하며 운영해야 한다.

이 외에도 기존 판매 상품의 매출이 떨어지는 이유는 매우 많은데, 여기서 말한 다섯 가지만이라도 잘 대응해서 자연 감소분을 최소화한다면 매출 성장에 도움이 될 것이다. 판매 상품이 늘어나고 매출의 규모가 커지면 자연 감소분 관리의 중요성이 점점 더 커질 수밖에 없다.

신상품의 기획
규모가 작은 벤더사의 문제는 주로 대표가 혼자서 신상품을 기획하고 개발한다는 점이다. 이 부분은 여건상 어쩔 수 없는 경우가 많다. 신상품 개발은 꽤 고도화된 업무이므로 작은 벤더사에서 이 업무를 잘해 낼 수 있는 직원을 별도로 채용하는 것은 현실적으로 쉽지 않다. 만약 신상품 개발 업무를 담당할 직원이 있더라도 개발 비용이 많이 들고, 개발 과정 중에 여러 가지 의사 결정이 필요하기 때문에 조직이 체계화되어 있지 않다면 담당 직원 혼자서 전적으로 감당하기엔 무리가 따른다.

이런 이유로 대부분의 벤더사 대표들이 여전히 혼자서 상품을 개발하는데, 그런데도 영업 직원들이 최대한 스스로 상품을 개발하도록 독려하는 것이 좋다. 어려운 업무인 만큼 실패하는 경우도 많고 그에 따른 비용이 발생하기도 하지만, 회사가 성장하면 할수록 앞에서 얘기한 기존 상품의 매출 자연 감소분을 메우기가 힘들어지기 때문이다. 따라서 처음에는 미숙한 영업 직원의 기획을 상세하게 검토하고 수정 및 보완해 주는 데 시간과 비용을 투자해야 한다. 그러면 어느새 다른 회사에서는 대표만 할 수 있는 신상품 기획 업무를 숙련된 직원들이 담당하면서 신상품 개발 속도가 경쟁사보다 빨라지게 될 것이고, 이 점이 회사 경쟁력의 밑바탕이 될 것이다.

신상품 개발은 회사의 지속적인 성장에 매우 중요한 요인이므로 단순히 현재 얼마만큼 개발하고 있는가만 생각해서는 안 된다. 장기적으로 계속 경쟁사보다 뛰어난 기획을 선보일 수 있는 구조를 만드는 데 더 근본적인 고민이 필요하다. 다시 강조하지만 회사의 성장은 '신상품 매출 증가분 〉 기존 상품 매출 자연 감소분'의 조건하에서 가능하다. 매출 자연 감소분은 회사가 성장할수록 커지기 때문에 신상품 매출 또한 지속적으로 커져야 하는 구조를 만드는 일이 중요하다.

'눈에 띄는 것'이
경쟁력이다

내가 온라인 판매 사업을 시작한 후배들에게 많이 듣는 질문 중 하나가 "우리 상품은 상품력도 좋고 가격 경쟁력도 있는데 왜 잘 안 팔릴까요?" 하는 것이다. 그런 질문을 받을 때마다 소비자들이 온라인에서 상품을 구매할 때의 행동 패턴을 차근차근 따져 보라고 이야기한다. 질문한 사람 말대로 정말 상품이 좋고 가격 경쟁력도 있는데 판매가 잘 안 되고 있다면 그것은 분명 노출에 문제가 있을 것이기 때문이다.

▍상위 리스팅되지 않으면 팔리지 않는다

소비자가 온라인 쇼핑몰에서 상품을 구매할 때의 행동 패턴은 크게 두 가지로 나눌 수 있다. 첫 번째는 네이버 같은 포털 사이트에서 검색을 통해 특정

쇼핑몰의 특정 상품 상세페이지로 들어가는 경우, 두 번째는 특정 쇼핑몰에 접속해서 해당 쇼핑몰 검색창을 통해 상품을 검색하는 경우다.

카테고리마다 차이는 있지만 요즘은 일반적으로 포털 사이트 검색을 통해 구매하는 소비자의 비중이 더 높다. 둘 중 어느 패턴이든지 검색을 하면 검색어에 해당하는 상품들이 판매 실적에 따라 리스팅되는데, 이때 노출되는 것이 섬네일, 상품명, 판매가다. 소비자는 먼저 이 세 가지 정보만을 가지고 해당 상품을 더 자세히 살펴볼지 말지를 결정한다. 즉 여기서 1차 선택이 되어야 한다는 뜻이다.

1차 선택을 통해 상품을 고른 후에는 클릭을 해서 상세페이지로 들어간다. 그리고 대부분의 고객은 상품 하나를 구매하기 위해 많게는 수십 개의 상품 상세페이지를 보고 이것저것 비교한 후에 결정한다. 이것이 2차 선택이 되는 것이다.

그렇다면 1차 선택과 2차 선택의 경쟁률은 어느 정도일까? 상품의 카테고리, 특성, 가격, 대체 상품의 존재와 양, 브랜드 여부 등에 따라 모두 다르다. 하지만 일반적으로 우리가 상품을 구매할 때의 기억을 떠올려 보면 대략 유추할 수 있다.

가령 우리가 특정 쇼핑몰에 들어가서 상품을 검색했다고 하자. 그럼 보통 해당 검색어의 상품이 적게는 20개에서 많게는 100개까지 한 페이지에 보인다. 어떤 사람은 첫 페이지만 보고 그중에서 고르는가 하면, 어떤 사람은 2, 3페이지까지 확인한다. 다시 말해 리스팅된 상품의 섬네일, 상품명, 판매가에 대한 정보만 가지고 해당 상품을 적게는 20개에서 많게는 300개까지 훑어본다는 뜻이다. 여기서 마음에 드는 상품을 클릭해서 상세페이지를 보게 되는데 보통 소비자가 상품을 구매할 때 적게는 5개에서 많게는 100개 이상을 살펴본다. 가장 많이 살펴보는 상품은 침대, 소파처럼 가격대가 높으면서 스타일이 다양한 상품군일 경우다.

위 내용을 정리하면 판매자는 1단계로 고객들이 상품을 검색했을 때 바로 눈에 띄도록 적어도 검색 결과 3페이지 이내에는 필수적으로 자사 상품이 리스팅되도록 해야 한다. 2단계는 섬네일, 상품명, 판매가 이 세 가지 정보만으로 대략 최소 20:1의 경쟁률을 뚫어야 한다. 3단계는 우리 상품의 상세페이지에 들어온 고객 5~100명 중 1명을 구매까지 도달하게 하는 것이다.

최근에는 소비자들이 PC보다 모바일을 통해서 상품 구매를 더 많이 하고 있다. 통계청이 발표한 '2021년 1월 온라인 쇼핑 동향' 자료에 따르면 2021년 1월 온라인 쇼핑 거래액 중 모바일 쇼핑은 전년 대비 29.2% 증가한 10조 6,192억 원을 기록했다. 온라인 쇼핑 거래액 중 모바일 쇼핑 거래액의 비중은 70.5%로 전년 동월(66.8%)에 비해 3.7%p 상승했다.

도표 6-3 2020년 및 2021년 모바일 쇼핑 동향

모바일 쇼핑 거래액

8조 2,165억 원
29.2%
10조 6,192억 원
2020년 1월
2021년 1월

온라인 쇼핑 중 모바일 비중

66.8%
3.7%p
70.5%
2020년 1월
2021년 1월

출처: 통계청

쇼핑의 수단이 모바일로 옮겨가면서 가장 크게 바뀐 것은 검색했을 때 나타나는 리스팅 화면이다. PC로 볼 때는 한눈에 많은 상품이 들어오지만, 모바일의 경우 스크롤을 내리면서 봐야 하기 때문에 리스팅된 상품을 아무래도 PC에서보다 덜 보게 된다. 이런 변화로 인해 일반적으로 상위에 리스팅된 상품은 더 유리하게 되었고, 하위에 리스팅된 상품의 노출도는 떨어지게 되면서 '히트 상품의 집중화' 경향이 더 커졌다고 할 수 있다. 다시 말해 신상품을 상위 리스팅으로 올리기는 더 힘들어진 반면 한번 히트 상품이 되면 그 자리가 더 견고해진 것이다.

잘 만든 섬네일 하나가
클릭을 부른다

섬네일은 소비자가 온라인 쇼핑을 할 때 키워드 검색 후 처음으로 마주하게 되는 상품의 대표 이미지다. 최근 온라인 쇼핑 중 모바일의 비율이 점점 높아지면서 섬네일의 중요성은 더욱 커지고 있다.

　요즘 소비자들은 가만히 앉아서만 쇼핑하지 않는다. 사람 많은 지하철이나 버스, 심지어는 길거리를 걸어가는 중에도 재빠르게 스마트폰으로 모바일 쇼핑을 한다. 이때 소비자의 행동 패턴을 생각해 볼 필요가 있다. 쇼핑몰 검색창에 구입하고자 하는 상품의 키워드를 입력하고 검색 결과가 나오면 상품의 리스트를 차례대로 확인한다. 소비자는 작은 모바일 화면으로 상품 하나하나를 자세히 살펴보지 않는다. 손가락으로 재빠르게 화면을 터치하면서 자신이 원하는 상품을 찾아낸다. 상품명과 가격을 일일이 확인한다면 빠르게 페이지를 넘기는 것은 불가능하다. 섬네일만 보고 상품을 골랐기 때문에 빠르게 상품을 선택할 수 있는 것이다. 그렇다면 섬네일을 어떻게 만들어야 고객의 시선을 사로잡고 클릭을 유도할 수 있을까?

무조건 시선을 끌어라

대부분의 사람들은 수많은 로드숍이 즐비한 거리에서 쇼핑을 할 때 상점의 간판과 쇼윈도를 보고 매장에 들어갈지 말지를 결정한다. 한마디로 로드숍의 쇼윈도는 단순히 상품을 나열하는 진열창이 아니라, 고객의 시선을 끌고 구매 욕구를 북돋아 매장 안으로 들어오게끔 유도하는 장치로서 역할하는 것이다.

온라인 쇼핑에서는 섬네일이 로드숍의 쇼윈도 역할을 한다고 생각하면 된다. 섬네일이 소비자의 시선을 끌어야 상세페이지로의 유입률이 높아지므로 일단은 무조건 소비자의 눈에 띄게 만들어야 한다.

'떡볶이'를 검색해서 섬네일을 어떻게 만들었는지 확인해 보자. 단순히 상품을 강조한 이미지부터 상품과 상품명을 동시에 강조한 이미지, 조리한 후 떡볶이의 쫄깃한 특성이 잘 보이도록 클로즈업한 이미지, 다양한 소품을 활용해 예쁘게 플레이팅을 한 이미지 등 판매자마다 다양한 방식으로 섬네일을 디자인했다. 이 중 소비자의 클릭 수가 가장 많은 섬네일은 떡볶이를 맛있게 보이도록 조리한 다음 예쁘게 플레이팅까지 한 섬네일이다.

다음으로 '아기의자'를 검색해 보자. 아무런 군더더기 없이 오로지 의자

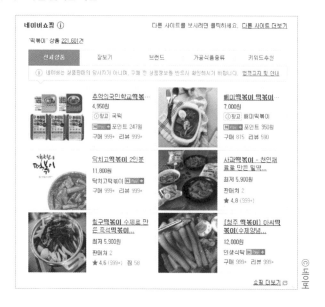

의 구조와 디자인이 잘 보이는 이미지부터 아이가 직접 앉아 있는 모습의 이미지, 의자에 편안하게 앉아 있는 아이를 행복한 얼굴로 바라보는 부모의 모습을 담은 이미지 등 사진의 연출 방식이 다양하다. 아기의자도 떡볶이와 마찬가지로 상품만 보여 주는 섬네일보다 상품을 사용하는 아이와 부모가 행복해 보이도록 연출한 섬네일이 클릭 수와 판매량이 많았다.

이 두 검색 결과를 정리해 보면 소비자의 눈길을 사로잡는 섬네일은 단순히 상품의 모습만 정확하게 보여 주는 이미지가 아니다. 물론 상품에 따라 차이는 있겠지만 그 상품을 소비했을 때 소비자가 누리게 될 기쁨과 즐거움을 감성적으로 보여 주는 이미지, 색다른 방식으로 촬영한 사진을 사용하거나 매력적인 문구를 넣는 등 디자인적으로 확실히 차별화되는 이미지에 소

비자들은 관심을 갖는다. 그러므로 감성적이든, 재미가 있든, 독특하든 어쨌든 섬네일은 소비자의 시선을 끌어야 한다.

권장사항을 반드시 고려한다

소비자의 눈에 띄게 섬네일을 만들 때 주의할 점이 있다. 각 쇼핑몰과 오픈마켓마다 권장하는 이미지 정책과 가이드가 있으므로 이를 고려해서 만들어야 한다는 것이다.

특히 네이버에서는 섬네일을 권장 규격에 맞게 등록하지 않으면 네이버

ⓒ네이버

쇼핑의 상위 노출에 제약을 받을 수 있으므로 가이드를 꼭 참고해야 한다. 네이버에서 제공하는 〈네이버 쇼핑 검색 SEO Search-Engine Optimization & 상품 정보 제공 가이드〉에 따르면 네이버쇼핑 검색 결과의 노출 순위를 결정하는 검색 알고리즘은 기본적으로 적합도, 인기도, 신뢰도 세 가지로 구성되는데 섬네일은 적합도 부분에 해당된다. 네이버에서 제시하는 섬네일의 적정 조건은 해당 상품을 정확하게 표현할 수 있는 고해상도의 선명한 상품 이미지다.

표준에 가까운 스타일로 섬네일을 등록할수록 네이버쇼핑 검색에 더욱 최적화되어 상위 노출을 위한 혜택을 받을 수 있다. 각 이미지의 공통점은 별다른 군더더기 없이 상품을 아주 명확하고 깨끗하게 보여 준다는 것이다.

더 자세하게 조건을 살펴보면 이미지 크기는 300px×300px 이상, 500px

ⓒ드드포

×500px 권장, 4,000px×4,000px 이하며 이미지 용량은 4MB 미만, 이미지 형식은 JPG다. 상품의 전체 모양을 파악할 수 있도록 흰색·단색 배경에서 정면 촬영한 이미지를 하나 이상 포함할 것을 권장하며, 피팅 모델이 착용한 사진은 허용하나 해당 상품이 주제가 되고 사용자가 색상과 형태를 판단할 수 있는 이미지여야 한다.

네이버 쇼핑 검색 SEO 가이드의 기준에 부합하지 않는 저품질 섬네일을 사용하면 어뷰징으로 인식되며, 검색에서 불이익을 받을 수 있으므로 주의해야 한다.

이미지 내에 과도한 텍스트·워터마크·도형이 포함된 경우, 초점이 흐리거나 확대하지 않아도 픽셀이 깨지는 이미지, 상품 이미지는 비교적 정상이나 배경이 어지러워 상품을 구분하기 힘든 형태 등의 사례가 저품질로 규정되므로 되도록 피하도록 하자.

| 네이버쇼핑 베스트100 화면

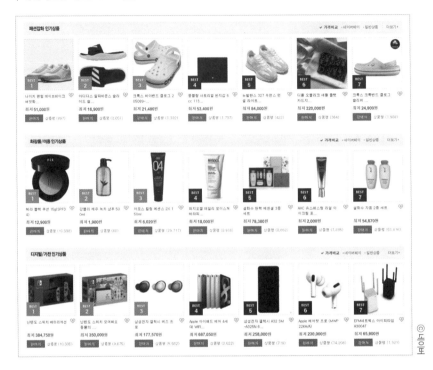

　　네이버쇼핑에서 베스트100 코너를 보면 인기도와 판매량이 높아 상위에 노출되고 있는 상품들을 카테고리별로 볼 수 있다. 베스트 상품 대부분이 네이버에서 제시한 표준 상품 이미지 규정을 따르고 있다. 물론 규정을 100% 따르지 않은 베스트 상품도 존재한다. 규정을 온전히 따르면 주목도는 다소 떨어지기 때문에 조금이라도 돋보이기 위해 SEO 점수를 일부 포기한 것이다. 대신 소비자의 시선을 끌어 클릭 수와 판매지수를 쌓았기 때문에 베스트 상품에 등록될 수 있었다.

온라인 판매 사업을 한다는 것

네이버쇼핑에서 상위 노출되기 위해 지켜야 할 SEO 조건은 생각보다 꽤 다양하다. 그중 상품 섬네일에 대한 조건은 수많은 SEO 조건 중 하나일 뿐이다. 섬네일에 대한 조건만 맞춘다고 해서 네이버쇼핑 검색 결과에서 상위에 랭크되는 것은 아니므로 어느 부분에서 점수를 얻고, 어느 부분에서 다소 점수를 잃더라도 차별화를 할 것인지 전략을 수립할 필요가 있다.

▌ 타사에서 사용하지 않은 이미지를 사용한다

도매업체를 통해 상품을 소싱할 때 상품의 이미지까지 제공해 주는 경우가 있다. 제공받은 이미지를 아무런 추가 작업 없이 그대로 섬네일로 사용하면 편하겠지만 상품의 차별성은 전혀 없게 된다. 도매업체 소싱의 가장 큰 단점이 이미 시장에 동일한 상품을 판매하는 업체가 많다는 것인데, 섬네일까지 제공받은 이미지로 사용하면 경쟁력을 확보할 수 없게 되는 것이다.

특히 네이버는 딥러닝 기술(사물이나 데이터를 군집화하거나 분류하는 데 사용하는 기술로, 페이스북의 얼굴 인식 알고리즘인 '딥페이스'도 이에 해당한다)로 섬네일을 분석해 이미지가 중복되면 해당 상품의 노출 순위를 하락시키는 경향이 있으므로 되도록 섬네일의 중복은 피해야 한다.

상품명을 포지셔닝 전략으로 활용한다

상품명을 단순히 상품의 이름으로만 생각하면 안 된다. 검색 시 상위 노출을 위해서는 상품명을 잘 정하는 것이 중요하기 때문이다. 보통 상품명은 상품과 연관된 여러 개의 키워드로 구성하는데 너무 길면 전부 노출되지 않으므로 되도록 짧게 만드는 것이 좋다. 또한 이제 막 사업을 시작한 초보 판매자라면 비교적 경쟁이 심하지 않은 키워드로 상품명을 정하는 것이 낫다. 그럼 소비자의 유입을 늘리기 위해서는 상품명을 어떻게 지어야 하는지 좀 더 구체적으로 알아보자.

▌ 상품 특징에 맞는 '나만의 키워드'를 만들어라

도매업체에서 상품을 소싱하는 판매자의 경우 상품의 기능과 디자인 등 상품 자체적으로는 차별화할 수 있는 부분이 전혀 없다. 그래서 다른 부분에서 차별화를 해야 하는데 가장 쉬우면서도 기본적인 부분이 바로 상품명이다.

도매업체에서 상품을 가져올 때 키워드까지 똑같이 적용하면 안 된다. 이미 온라인 시장에는 동일한 상품이 많은데 키워드까지 같으면 전혀 경쟁력이 생길 수 없기 때문이다. 똑같은 상품이라도 상품명이 다르다면 판매가 잘 이루어질 수 있으므로 같은 상품을 조금이라도 다르게 해석해 보려는 노력이 필요하다.

예를 들어 네이버에서 '미니 밥솥'을 검색하면 검색 페이지 하단에 다양한 브랜드명이 붙은 연관 검색어가 많이 나온다. 대부분의 판매자가 브랜드명을 상품의 특징으로 정하고 키워드로 사용했기 때문이다. 그런데 미니 밥솥을 판매하는 시점이 사람들이 캠핑을 많이 가는 시즌이고, 캠핑에 대한 관심이 높을 때라면 굳이 상품명에 브랜드를 내세우기보다는 '캠핑'을 특징으로 삼아 이를 키워드로 하는 것이 더 효과적일 수 있다.

또한 해외 브랜드와 라이선스 계약을 체결한 판매자라면 상품명에 브랜

| 네이버에서 '미니 밥솥'을 검색하면 나오는 연관검색어

드의 특징을 적극 반영해야 한다. 그 브랜드가 상품의 경쟁력이자 가장 중
요한 판매 포인트이기 때문이다. 가령 앞치마 판매자가 유럽의 50년 된 브
랜드와 라이선스 계약을 체결했다면 상품명에 '유럽 50년 전통의 브랜드'
같은 키워드를 사용하면 된다.

▌상품명을 정할 때 참고해야 할 데이터

상품명을 정할 때 자신의 생각과 느낌으로만 짓는 것은 위험한 행동이다.
개인적인 주관에는 한계가 있으므로 정확하고 객관화된 데이터와 자료를
참고해야 한다.

• 연관검색어

연관검색어는 포털 사이트나 쇼핑몰 검색창을 통해 특정 단어를 검색하면
자동으로 노출되는, 사람들이 많이 조회한 유사 검색어다. 연관검색어를 보

▌네이버에서 '미니 가습기'를 검색하면 나오는 연관검색어 화면

| 네이버쇼핑 창에서 '미니 가습기'를 검색하면 나오는 쇼핑연관 화면

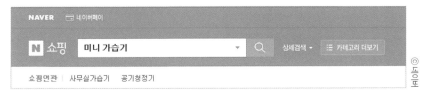

면 사람들이 해당 상품을 어떤 키워드를 중심으로 검색하는지 파악할 수 있으므로 상품명을 만들 때 참고가 된다. 가령 네이버 검색창에 '미니 가습기'를 검색하면 usb 가습기, 생수병 가습기, 사무실 미니 가습기 등의 연관 검색어가 나오는데, 이는 사람들이 가습기를 검색할 때 많이 사용한 키워드다.

• 쇼핑연관

쇼핑연관은 네이버쇼핑 창에서 검색한 상품과 연관된 검색어를 말한다. 연관검색어와 거의 유사한 키워드들이 나온다.

• 네이버광고의 키워드 도구

키워드를 조사할 때 네이버광고 사이트의 키워드 도구를 활용하면 도움이 된다. 활용 방법은 5장의 '오픈마켓, 온라인 광고가 답이다'에서 소개했던 것과 동일하다.

3~5개의 키워드를 동시에 검색한 뒤 연관 키워드들이 조회되면 그중 관심 있는 키워드들의 월간 검색 수를 확인한다. 여러 가지 데이터를 확인한

| 키워드 도구에서 키워드를 조회한 결과 화면

후에는 연관검색어, 쇼핑연관검색어, 키워드 도구 조회 결과를 종합해 키워드들을 리스트업한다. 그리고 네이버에서 각 키워드를 검색했을 때 나오는 상품 수와 하나하나 비교해 본다. 가장 이상적인 상품명 선정 방법은 '키워드 월간 검색량 〉 경쟁 상품 수'이다. 경쟁상품 수보다 월간 검색량이 더 많은 키워드를 상품명으로 선정하는 것이 유리하다.

예를 들어 차량용 가습기의 월간 검색 수는 8,570건이고 자동차 가습기의 월간 검색 수는 520건으로 차량용 가습기의 검색량이 월등히 더 많다. 그런데 경쟁 상품 수는 차량용 가습기가 3만 9,797개, 자동차 가습기가 5만 5,233개로 자동차 가습기가 차량용 가습기보다 1.5배 정도 많다. 판매자들이 소비자의 검색 트렌드를 제대로 파악하지 못한 것이다. 이런 경우 검색량은 훨씬 많지만 경쟁 상품 수는 적은 '차량용 가습기'를 상품명으로 하는 것이 유리하다고 볼 수 있다.

┃차량용 가습기와 자동차 가습기를 검색한 결과 화면

상세페이지에서
고객의 마음을 사로잡는다

상세페이지는 상품에 대한 설명 페이지를 의미한다. 상세페이지에서 상품을 어떻게 표현하고 설명하는지에 따라 매출이 달라지는 만큼 대부분의 판매자가 상세페이지 제작에 많은 공을 들인다. 그런데 나는 여기서 조금 다른 두 가지이야기를 하고자 한다. 한 가지는 '모든 상세페이지를 잘 만들 필요는 없다'는 것에 대한 이야기고, 또 한 가지는 '상세페이지를 잘 만드는 방법'에 대한 이야기다.

▌모든 상세페이지를 잘 만들 필요는 없다

온라인 쇼핑 사업을 하는 대부분의 사람들은 하나같이 상세페이지는 무조건 잘 만들어야 한다고 이야기한다. 하지만 나는 이 부분에 대해 조금 다른 생각을 가지고 있다. 상세페이지에 신경을 써야 하는 것은 맞지만, 판매하는 모든 상품의 상세페이지를 전부 다 잘 만들 필요는 없다.

상세페이지를 만드는 일은 단순 업무가 아니다. 동일한 상품이라도 상세페이지를 만드는 데 얼마나 공을 들이느냐에 따라 1시간이 걸릴 수도 있고 수일이 걸릴 수도 있다. 공을 많이 들일수록 상세페이지를 제작할 수 있는 상품의 수가 줄어드는 것은 당연하다. 그래서 선택을 해야 한다. 가령 70%의 완성도로 10개를 만들 것인지 100%의 완성도로 7개를 만들 것인지. 대부분의 판매자는 100%의 완성도로 7개를 만들려고 한다. 무조건 잘 만들려고만 하는 것이다.

하지만 나는 70%의 완성도로 10개를 만드는 것을 추천한다. 이제 막 온라인 벤더 사업을 시작한 경우라면 더더욱 그렇다. 사업 초기에는 일단 상품 소싱을 많이 해서 판매 상품의 개수를 늘리는 것이 매출에 더 도움이 된다. 그런데 아무리 열심히 상품 소싱을 해도 상세페이지를 제작하는 데 시간이 오래 걸려서 상품을 빨리 등록하지 못한다면 이는 효과적인 판매 전략이라고 할 수 없다.

많은 온라인 벤더 사업자가 상품을 소싱할 때 자신의 주관적인 관점과 안목으로 상품이 시장에서 반응이 좋을지, 좋지 않을지를 판단한다. 그리고 판매가 잘될 것 같다고 생각하는 상품만 선택한다. 하지만 상품에 대한 소비자들의 반응은 판매자가 속단할 것이 아니라 시장에 맡겨야 한다. 실제로 벤더 사업을 하다 보면 인기가 많을 것 같아서 소싱한 상품의 판매가 저조하고, 인기가 없을 것 같았던 상품이 소위 대박이 나는 경우가 꽤 있다.

10개 중 2개만 잘 팔릴 것 같아도 일단 10개를 다 소싱해라. 우리는 시장을 잘 모른다고 전제해야 한다. 그리고 10개의 상품 모두 상세페이지를 기본적인 수준으로 만들어서 상품 등록을 한다. 일정 기간 뒤 10개의 상품 중 판매율이 높은 상품만 몇 개 선택해서 기존의 상세페이지를 100%의 완성도로 업그레이드하면 된다. 한마디로 처음에는 모든 상세페이지를 기본 수준으로 제작했다가 판매가 잘 되는 상품의 상세페이지만 최고 수준으로 업그레이드하는 것이 더 효율적인 방법이다.

▌상세페이지 잘 만드는 방법

소비자는 인터넷 쇼핑을 할 때 섬네일부터 구매 후기까지 여러 가지를 검토해 본 후에 구매를 결정하지만, 매출을 일으키는 데 가장 결정적인 역할을 하는 것은 역시 상세페이지다. 따라서 앞에서 설명한 것처럼 모든 상품의 상세페이지에 처음부터 공을 들일 필요는 없더라도 일단 시장에서 반응이 검증되면 해당 상품의 상세페이지는 전략적으로 잘 만들어야 한다.

구체적으로 기획해라

먼저 상품명과 섬네일로 클릭을 유도해 소비자가 상세페이지에 들어오도록 만들었다면, 이제는 상세페이지의 이미지와 글을 보고 구매욕이 일어나도록 해야 한다. 아무런 전략이나 계획 없이 형식적으로 만들면 당연히 소비자를 구매로 이끌 수 없다.

상세페이지를 본격적으로 제작하기 전에 이에 대한 구체적인 기획이 필요하다. 소비자가 상세페이지를 보고 구매하도록 하려면 어떤 설득 요소가 필요한지를 고민한 후에 전체적인 콘셉트, 내용 구성, 이미지 전략 등을 기획해야 한다. 그리고 웹 디자이너에게 제작에 필요한 이미지와 텍스트를 전달하면서 기획한 내용을 제대로 설명해야 효과적인, 즉 매출이 잘 나오는 상세페이지를 만들 수 있다.

'After'를 보여 줘라

상세페이지를 제작할 때 가장 중요하게 생각할 부분은 이 상품을 왜 구매해야 하는지, 이 상품을 사용하면 어떤 점이 좋은지에 대해 소비자에게 명확하게 제시해야 한다는 것이다. 상품의 특징과 장점을 보여 주는 것도 중요하지만 상품을 사용하는 사람들의 긍정적인 모습, 즉 구매자들이 만족할 만한 'After'의 모습을 보여 줌으로써 구매 후 일어나게 될 변화를 가지고 어필하는 것도 설득에 효과적이다. 판매자는 상세페이지를 통해 '내가 판매하는 상품이 정말 좋다'는 것을 알리고 싶어 하지만, 소비자는 '이 상품이 나에게 무슨 도움이 되고 어떤 변화를 줄까'에 대해 알고 싶어 한다는 것을 기억하자.

예를 들어 판매 상품이 그릇일 경우 판매자들은 그릇이 어느 브랜드인지, 소재가 얼마나 좋은지, 디자인이 얼마나 훌륭한지 등의 장점을 주로 내세운다. 그런데 조금 관점을 달리해서 그 그릇에 맛있는 음식이 예쁘게 담겨 있는 모습이나, 그 그릇에 담긴 음식을 먹으면서 행복해하는 사람들의 모습을

ⓒ 쓱캐어

보여 준다면 소비자는 자신도 이렇게 음식을 예쁘게 담을 수 있고, 즐거운 식사 시간을 누리게 될 것이라는 기대감으로 구매 버튼을 클릭할 수도 있다.

타깃은 명확하게 잡아라

보통 광고를 제작할 때 해당 상품의 주 소비층이 누구인지 파악한 다음 그들에게 어필할 수 있도록 광고 콘셉트를 정하는데, 이는 상세페이지도 마찬가지다. 일단 타깃을 명확하게 설정해야 상세페이지의 콘셉트를 구체적으로 정할 수 있다. 타깃에 따라 카피도 달라지고 선택하는 이미지 전략도 달라지기 때문에 타깃을 구체적으로 정하는 것은 상세페이지 제작에서 매우 중요하다.

접시를 구입하는 주 소비층은 주부다. 그래서 보통 접시 상품의 이미지는 식탁에서 음식을 세팅해 놓고 촬영하는 경우가 많다. 하지만 20~30대 직장

인을 타깃으로 하는 접시라면 콘셉트가 전혀 달라진다. 위의 상품 이미지를 보면 일반적인 접시 상품의 이미지 콘셉트와 전혀 다르다는 것을 알 수 있다. 이미지의 배경이 식탁이 아닌 책상이며 책상 위에는 노트북이 펼쳐져 있다. 접시에는 빵과 과일이 담겨 있고 옆에는 커피가 놓여 있다. 사진의 배경과 메뉴를 보면 일하다가 잠깐 점심을 먹는 20~30대 직장인의 모습이 떠오른다. 요즘 재택근무를 하는 직장인이 많다 보니 접시 상품의 타깃을 20~30대 직장인으로 설정한 것이다. 이렇게 직장인들이 집에서 간단히 점심을 먹을 때 사용하기 좋은 그릇으로 포지셔닝을 하면 직장인들이 구매할 수도 있고, 재택근무하는 남편이 있는 주부가 구매할 가능성도 있다. 또한 접시에 담은 음식이 빵과 과일이기 때문에 홈 브런치를 즐기는 사람들도 관심을 가질 수 있다.

이처럼 타깃을 정할 때도 조금 다른 시각에서 접근해야 상세페이지를 좀 더 새롭게 제작할 수 있고 경쟁력이 생겨서 구매 전환율이 높아진다는 것을 명심하자.

강렬한 헤드 카피로 시선을 집중시켜라

상품명과 섬네일로 소비자의 클릭을 유도했다면, 상세페이지에서는 일단 눈에 띄는 헤드 카피로 긴 상세페이지를 자세히 보도록 유도해야 한다. 광고, 신문, 매거진 등에서도 1줄의 강렬한 카피와 헤드라인이 중요하듯이 상세페이지에서도 1줄의 헤드 카피로 소비자에게 깊은 인상을 심어 줘야 판매자가 열심히 작성한 상품 설명을 조금이라도 더 읽게 되고 구입하고 싶은 욕구가 생기게 될 것이다.

모바일 화면에서 잘 보이게 제작해라

앞에서 설명했듯이 모바일을 통해 온라인 쇼핑을 하는 소비자가 점점 늘어나고 있기 때문에 상세페이지를 제작할 때 이를 염두에 두어야 한다. 스마트폰, 태블릿 PC 등 작은 화면에서 온라인 쇼핑을 즐기는 사람들이 증가하면서 상세페이지 역시 이런 추세에 맞추어 심플하고 간결하게 제작하는 것이 트렌드가 되었다. 너무 복잡하게 디자인한 상세페이지는 모바일 기기로 쇼핑하는 고객의 집중도를 떨어뜨리기 때문에 지양해야 한다.

상세페이지가 PC와 모바일에서 동일하게 보이면서 신속하게 활성화되게 하려면 이미지를 나눠서 등록해야 하며, 1개의 이미지 용량이 500KB를 넘으면 안 된다. 또한 PC와 모바일에서 고객이 글씨를 편하게 읽을 수 있도록 하려면 일반적으로 글자 크기를 20pt 이상으로 설정하는 것이 좋다.

한마디로 페이지를 나눠서 등록하고, 폰트를 크게 지정해야 한다는 것을 기억하자.

▌상세페이지에 꼭 들어가야 하는 내용

상세페이지 내용을 구성하는 방법은 상품의 종류에 따라, 판매자의 스타일에 따라, 판매 전략에 따라 다를 수밖에 없다. 하지만 상세페이지에 꼭 들어가야 하는 요소는 정해져 있으며 크게 마케팅 영역, 신뢰도 및 상품 정보 영역, 주의사항 및 CS 정보 영역으로 구분할 수 있다.

최상단은 마케팅 영역

소비자들은 상세페이지에 들어오고 나서 초반 몇 초 동안 본 몇 컷의 사진과 몇 줄의 글로 아랫부분도 더 볼 것인지 말 것인지를 결정한다. 그래서 상세페이지의 가장 상단 부분은 소비자의 마음을 사로잡을 내용으로 구성해야 한다. 대부분의 상세페이지 상단에 구매자에게 제공하는 다양한 혜택과 판매자의 강점에 대해 소개하는 것은 이런 이유에서다.

• 구매자 혜택 소개

혜택성 정보를 제공함으로써 구매를 촉진하는 영역이다. 만약 쿠폰 제공이나 사은품 증정 이벤트를 진행한다면 이 점을 가장 먼저 언급하는 것이 효

과적이다. 구매자에게 주는 혜택은 매출로 이어지기 때문이다.

많은 판매자가 소비자의 이목을 집중시키기 위해 이벤트를 진행한다. 하지만 이벤트는 결국 소비자를 위한 것이 아닌, 판매자의 이익을 위한 것이므로 이벤트를 진행함으로써 판매자는 어떤 이득을 취할 수 있는지 정확하게 따져 봐야 한다. 수익에는 도움이 되지 않더라도 신규 고객을 늘리고 싶다거나 상품평을 쌓고 싶다거나 신상품 출시 소식을 알리고 싶다거나 하는 등의 뚜렷한 목적을 갖고 이벤트를 진행해야 원하는 바를 얻을 수 있다.

• 서비스 차별점 어필

소비자에게 자사만의 판매 차별화 포인트를 효과적으로 전달하는 중요한 영역이다. 단순히 판매자의 강점을 소개하는 것이 아니라 구매자를 만족시킬 수 있는 내용 중심으로 소개하는 것이 바람직하다. 예를 들어 오후 2시까지 주문한 상품은 당일 발송을 원칙으로 한다는 것은 타 업체에서 잘 하지 않는 판매자만의 장점이며, 빠른 배송을 중요하게 여기는 소비자의 마음을 움직일 수 있다.

실물을 못 보는 소비자를 배려한 신뢰도 및 상품 정보 영역

오프라인 매장에서 상품을 구매할 때는 상품을 직접 눈으로 보고 손으로 만져 볼 수 있다. 궁금한 점이 있으면 매장 직원에게 물어보면 된다. 이런 과정을 통해 판매자와 상품에 대한 신뢰도가 쌓인다. 하지만 온라인 쇼핑몰에서 상품을 구매할 때는 실물을 직접 보거나 만질 수 없고 판매자와 얼굴을 보며 커뮤니케이션할 수도 없다. 상세페이지에 있는 사진과 설명만 보고 구매 여부를 결정해야 한다. 그러므로 상세페이지에서 판매자와 상품에 대한 신뢰도를 높일 수 있는 내용을 보여 준다면 소비자는 불안함을 어느 정도 해소하고 구매를 결정할 수 있다.

• 신뢰도 높이기

판매하는 상품과 판매처에 대한 신뢰를 높이는 영역이다. 보통 공인된 인증서, 승인서, 이미 구입한 고객들의 사용 후기, 언론에 노출된 상품 소개 기사 등을 활용해서 보여 준다.

• 상품의 기본 정보 제공

판매 상품의 가장 기본적인 정보를 구체적으로 보여 주는 영역으로 소비자에게 전하고 싶은 상품의 장점을 정확하게 이야기해야 한다. 소비자에게 상품의 기본 이미지를 통해 신뢰를 심어 주는 것이 중요하다. 정면, 반측면, 측면, 윗면, 밑면 등 여러 각도에서 정직하게 찍은 사진을 풍부하게 보여 주어 소비자에게 생생한 느낌을 전달한다. 동영상으로 보여 준다면 더 효과적이다.

가장 내용이 많은 영역이므로 특히 효과적으로 잘 구성해야 한다. 소비자들이 원하는 정보를 중심으로 보기 편하게 정리하는 것이 좋다. 또한 전문적인 내용도 고객의 언어로 이해하기 쉽게 전달해야 한다는 것을 기억하자.

휴대성과 사용성을 고려한 디자인

미니멀한 디자인의 바디와 핸들은 물론 그립감과 휴대성을 높였습니다. 그랑데 사이즈의 음료나 생수 한 병이 충분히 들어갈 수 있는 500ml 용량과 310g의 가벼운 무게감으로 휴대성을 높여 어디든 편하게 들고 사용하실 수 있습니다.

따뜻한 음료를 즐기기 위한 리드와 거름망

트라이탄 소재의 거름망은 말린 과일, 티백, 굵은 찻잎 등을 넣어 인퓨저처럼 사용 할 수 있으며 캐주얼하면서도 편리한 방식으로 차와 음료를 즐길 수 있게 합니다.

* 말린 과일(자몽, 사과, 레몬 등)과 덖은 차(도라지, 우엉, 모과, 생강 등)를 넣어서 즐기시기에도 좋습니다.

• 상품의 상세 설명 제공

색상이나 사이즈 등 종류가 다양하다면 각각의 차이점을 간략하면서도 명확하게 보여 주어 구매자가 원하는 상품을 제대로 선택할 수 있도록 한다. 정확하게 표기하고 안내해야 교환·환불이 발생하지 않는다.

고객 불만을 방지하는 주의사항 및 CS 정보 영역

배송 정보부터 고객이 해당 상품을 사용하기 전이나 사용하면서 주의해야 할 점, 상품을 사용하면서 궁금한 점이나 문제가 생겼을 때 해결하는 방법 등의 정보들을 소개하는 영역이다.

• 주의사항·고객센터 안내

상품에 대한 주의사항을 상세히 적어 고객의 불평 문제를 사전에 방지해야 한다. 만약 상품에 하자가 있으면 교환이나 반품은 어떻게 하는지, AS는 어떻게 하는지 등도 자세하게 안내하는 것이 좋다.

| 주의사항

Be careful

1. 처음 사용하실 때는 반드시 세척하신 후 사용하시고,
   세척 후 바로 건조하십시오.
2. 음료는 제품의 뚜껑 라인 이하로 담아 주십시오. 뚜껑 안에 거름망이
   있어, 몸체 윗부분으로부터 3~5cm 정도 낮게 채우셔야 뜨거운 물이
   넘치지 않습니다.
3. 거름망 구멍의 크기는 2*5mm로 작은 찻잎들이 거름망을 통해
   빠져나올 수 있습니다.
4. 우유나 유제품, 과즙, 탄산음료는 보관 상 적합하지 않으니,
   절대 장시간 보관하지 마십시오.
5. 살균 소독을 목적으로 끓는 물에 삶거나 열탕 소독 시에는 제품 변형
   등 안정성의 문제가 생길 수 있습니다.
6. 전자레인지 사용 및 냉동실에 얼려 사용하지 마십시오.
   냉동 시 팽창으로 몸체가 부풀거나 변형이 될 수 있습니다.
7. 거친 솔이나 철제 수세미로 세척 시 스크래치가 날 수 있으니,
   부드러운 스펀지 등의 솔을 이용하여 중성 세제로 세척 하십시오.
8. 강한 충격이나 마찰이 가해질 경우 형태 변형이 일어날 수 있으며,
   표면이 손상 될 수 있습니다.
9. 가방 등에 넣을 때는 음료가 새는 지 확인 후 제품을 세운 채로
   넣어 주십시오.
10. 뜨거운 음료를 음용 시에는 손잡이 리드를 음용 리드와 분리하여
    음용하시고 전체 뚜껑을 열어 드실 때는 뜨거운 음료가 한번에
    나오지 않도록 천천히 기울여 드십시오.
11. 영유아의 손에 닿는 곳에 두지 마십시오.

| 교환 · 반품 및 AS 안내

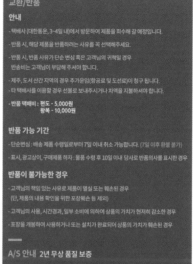

교환/반품

안내
- 택배사 (대한통운, 3~4일 내)에서 방문하여 제품을 회수해 갈 예정입니다.
- 반품 시, 해당 제품을 반품하려는 사유를 꼭 선택해주세요.
- 반품 시, 반품 사유가 단순 변심 혹은 고객님의 귀책일 경우
  반송비는 고객님이 부담해 주셔야 합니다.
- 제주, 도서 산간 지역의 경우 추가운임(항공료 및 도선료)이 청구 됩니다.
- 타 택배사를 이용할 경우 선불로 보내주시거나 차액을 지불하셔야 합니다.

- **반품 택배비 : 편도 - 5,000원
  왕복 - 10,000원**

반품 가능 기간
- 단순변심 : 배송 제품 수령일로부터 7일 이내 취소 가능합니다. (7일 이후 환불 불가)
- 표시, 광고상이, 구매제품 하자 : 물품 수령 후 10일 이내 당사로 반품의사를 표시한 경우

반품이 불가능한 경우
- 고객님의 책임 있는 사유로 제품이 멸실 또는 훼손된 경우
  (단, 제품의 내용 확인을 위한 포장훼손 등 제외)
- 고객님의 사용, 시간경과, 일부 소비에 의하여 상품의 가치가 현저히 감소한 경우
- 포장을 개봉하여 사용하거나 또는 설치가 완료되어 상품의 가치가 훼손된 경우

A/S 안내 2년 무상 품질 보증
- 홈페이지 www.navienhouse.com 또는 경동나비엔
  행복나눔 콜센터 1588-1144를 통해 접수 가능합니다.

© 스톤컴퍼니

• **배송 정보 제공**

배송 문의가 생각보다 많으므로 최대한 자세하게 소개하는 것이 좋다. 소비자는 상품을 주문하면 언제 받을 수 있는지를 가장 궁금해하므로 몇 시까지 주문했을 때 당일 발송하는지, 제작 상품의 경우 보통 배송까지 얼마나 시

| 배송 정보

배송안내 일반택배 (대한통운 1588-1255)
- 배송기간은 결제일로부터 영업일 기준 1일(24시간) ~ 5일 이내에 수령 가능합니다
- 택배사 사정으로 배송이 지연될 수 있습니다.

© 스톤컴퍼니

간이 소요되는지 등을 미리 안내한다. 요즘 소비자들은 택배업체가 어디인지에 대해서도 관심이 많다. 그래서 택배업체명을 표기하는 경우도 있다.

| Tip | 상업적으로 사용 가능한 무료 서체 |

규모가 크고 내부에 웹디자이너가 여럿 있는 회사에서는 상세페이지 제작을 위해 유료 서체를 구입해서 사용하기도 한다. 하지만 이제 막 사업을 시작한 초보 사업자나 규모가 작은 회사에서 유로 서체를 구입하는 것은 비용면에서 부담스러울 수밖에 없다. 그렇다고 걱정할 필요는 없다. 요즘은 기업에서 무료로 제공하는 디자인 서체가 많이 있으므로 이를 활용하면 비용을 절감할 수 있다.

간혹 유료 서체를 불법으로 다운로드받아 사용하는 업체가 있는데 이는 매우 위험한 행동이다. 관련 기관에서 매우 철저하게 조사하고 있으며 처벌도 매우 엄격하므로 불법 다운로드는 애초에 하지 말 것을 권한다.

제공업체	서체명	다운로드 주소
네이버	나눔글꼴	hangeul.naver.com/2017/nanum
배달의민족	주아체, 을지로체 등	woowahan.com/#/fonts
G마켓	G마켓 산스	company.gmarket.co.kr/company/about/company/company--font.asp?jaehuid=200003657
야놀자	야놀자체	yanolja.in/ko/yafont
여기어때	잘난체	goodchoice.kr/font#is-first
빙그레	빙그레체	bingfont.co.kr
디자인하우스	디자인하우스체	designhouse.co.kr/service/dhfont

모르면 손해 보는
정산 시스템

▌판매 대금, 어떻게 회수할까?

온라인 커머스 사업과 오프라인 사업을 비교하면 다른 점이 몇 가지 있다. 그중 가장 중요한 것은 자금의 흐름이다. 온라인 쇼핑몰에서 상품을 판매하면 상품 대금을 결제받게 되는데, 이 구조를 이해하고 있어야 나중에 자금 흐름 때문에 당황하지 않는다.

대부분의 쇼핑몰에는 '구매 확정'이라는 단계가 있다. 고객이 상품을 주문하고 수령한 후에 문제없이 잘 받았다는 것을 쇼핑몰에 통보해 주는 개념이다. 쇼핑몰에서는 판매자가 문제없는 상품을 고객에게 보냈다는 것이 확인되어야만 판매자에게 상품 대금을 결제해 주는 것이다. 그러나 온라인 쇼핑몰에서 상품을 구매해 본 경험이 있다면 잘 알겠지만 대부분의 고객은 직접 구매 확정을 하지 않는다. 보통은 상품 배송 완료 후 1주일이 지나면 쇼

도표 6-4 쿠팡의 주 단위 정산 과정

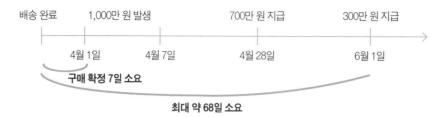

핑몰에서 자동으로 구매 확정을 한다. 그리고 구매 확정이 완료된 이후에 쇼핑몰마다 각자의 정산 주기에 따라 판매자에게 상품 대금을 지급한다.

이러한 절차가 있다 보니 판매자가 상품 대금을 회수하기까지 꽤 오랜 시간이 걸리며 이 때문에 자금 흐름에 문제가 생길 수도 있다. 최근 가장 **빠르**게 성장하는 쇼핑몰 중 하나인 쿠팡을 예로 들어 보겠다. 쿠팡의 경우 판매자는 결제 방식을 주 단위 정산과 월 단위 정산 중에서 선택할 수 있다. 주 단위 정산이란 1주일 동안 구매 확정된 건들에 대해서 15일(영업일 기준) 후에 판매 금액의 70%를 지급하고, 익익월 1일에 나머지 30%를 지급하는 방식이다. 예를 들어 구매 확정이 완료되어 4월 1일부터 4월 7일까지 1주일 동안 발생한 상품 대금이 1,000만 원이라면 700만 원은 영업일 기준 15일 후인 4월 28일경에 받고, 300만 원은 다다음 달인 6월 1일에 받는다. 도표 6-4를 보면 알 수 있듯이 배송 완료 후 상품 대금을 전부 회수하기까지 최대 약 68일이 소요된다.

월 단위 정산이란 한 달 동안 구매 확정된 건들에 대해서 해당 월 말일로부터 15일(영업일 기준) 후에 일괄 지급하는 방식이다. 따라서 보통 익월

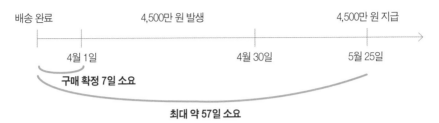

19~21일 사이에 지급받는다. 예를 들어 구매 확정이 완료되어 4월 1일부터 4월 30일까지 1개월 동안 발생한 상품 대금이 4,500만 원이라면 4월의 마지막 날인 4월 30일로부터 영업일 기준 15일 후인 5월 25일경에 4,500만 원을 일괄로 받는다.

이처럼 쇼핑몰에서 상품을 판매하면 상품 대금 회수가 배송 완료 이후 최대 2개월 이상이 소요되기도 한다. 물론 쿠팡은 대형 쇼핑몰 중에서도 대금 결제가 느린 편에 속한다. 오픈마켓 중에는 구매 확정 후 바로 다음 날 지급하는 경우도 있다.

판매 대금 회수 기간이 중요한 이유

어떤 쇼핑몰의 매출 비중이 높은지 그리고 어떤 상품군을 주력으로 판매하는지에 따라(예를 들면 가구 같은 설치 상품의 경우 상품 배송 완료 기간만 1주일 이상이 소요되기도 한다) 상품 대금의 평균 회수 기간이 달라진다. 내 경험상으로는 상품을 매입해서 판매되기 전까지 재고로 보유하는 기간, 다시 말해 상품 매입 후 고객이 주문하기 전까지의 기간, 상품이 배송되는 기간, 구매 확정 소요 기간, 쇼핑몰 대금 지급 기준 등을 고려하면 상품 매입 후 판매 대금을 회수하기까지 평균적으로 약 2개월 정도가 걸린다.

판매자 입장에서 판매 대금 회수 기간이 중요한 이유는 자금이 있어야 계속 매출을 일으킬 수 있기 때문이다. 가령 월 매출이 1,000만 원인 벤더사의 경우 성장세를 유지하기 위해서는 우선 자금 2,000만 원이 준비되어 있어야 한다. 만약 현재 월 매출이 1,000만 원인데 500만 원을 더 늘리고 싶다면 먼저 그 2배인 1,000만 원을 더 준비해야 한다는 의미다. 이 점이 바로 오프라인 사업과 달리 온라인 커머스 사업을 할 때 반드시 고려해야 하는 점이다.

실제로 좋은 상품을 소싱하고 판매 능력도 있어서 매출 상승 여력이 충분함에도 불구하고 단지 자금이 준비되지 않아 매출을 확대하지 못하는 안타까운 경우가 많다. 또한 이로 인해서 많은 벤더사의 대표들이 상품 소싱 업무보다 자금을 구하러 다니는 일에 더 얽매이는 경우를 쉽게 볼 수 있다.

▌자금의 압박에서 벗어나는 법

자금의 흐름을 조금이라도 빠르게 하기 위해서는 어떻게 해야 할까? 쇼핑몰의 대금 지급 과정을 단축하는 것은 불가능하다. 결국 방법은 상품 매입 대금의 지급 시기를 최대한 늦추는 것이다.

나는 쇼핑몰로부터 대금을 받은 뒤에야 소싱처에 상품 대금을 지급했다. 소싱처가 자금 흐름의 압박을 부담하게 한 것으로 누차 말하지만 신용거래를 트는 것이 쉽지 않다. 그런데도 이 부분을 계속 강조하는 이유는 앞에서 말한 것과 같은 사업의 환경 때문이다. 소싱처와 처음부터 신용거래를 하는 것은 어려운 일이므로 초기에는 현금거래를 하다가 서로 매출 목표를 정해서 그 부분이 달성되면 신용거래로 바꾸자고 제안하는 것도 좋은 방법이다. 제조사가 벤더사보다 규모가 큰 경우가 많고 자재를 매입할 때 신용거래를 하는 경우가 있기 때문에 제조사는 작은 규모의 벤더사보다 자금의 흐름이 원활한 편이다.

보통 쇼핑몰마다 금융기관과 연결해서 판매자의 정산 기간을 앞당겨 주는 서비스가 있는데 이를 활용해도 된다. 이 서비스는 판매자의 확정된 매출 채권을 담보로 금융기관에서 일종의 대출을 해 주는 개념이다. 매출 채권 전액을 앞당겨 지급하는 것은 아니고 일정 부분만 먼저 지급해 준다. 당연히 이자 개념의 수수료가 발생하며, 이는 시중 이자율보다 조금 높은 편이다.

이 서비스를 이용했을 때의 가장 큰 단점은 수수료가 아니다. 판매자가 이 서비스를 여기저기 쇼핑몰에서 모두 사용하다 보면 나중에는 이미 받은 돈과 아직 받지 않은 돈의 구분이 쉽지 않아진다는 점이다. 다시 말해 자금 관리 측면에서 매우 복잡해질 수 있다는 것이 치명적인 단점이다. 그런데도 현실적인 이유 때문에 이 서비스를 활용하는 벤더사들이 많다.

쇼핑몰별 대금 지급 기준에 대해서는 각 쇼핑몰의 판매자 사이트에서 확인하거나 고객 센터에 문의하면 자세히 알 수 있다. 참고로 쇼핑몰에 따라 상품 대금의 일부를 지급 유보하는 경우가 있는데 이는 반품, AS 등을 위한 것이다. 유보율을 보통 5~10% 정도며 이 금액은 대략 1~2개월 후에 특별한 신청 없이 지급된다.

1개 히트 상품 vs. 100개 일반 상품, 무엇이 좋을까?

▌온라인 벤더마다 매출 구조는 천차만별

내가 온라인 벤더 사업을 시작하기 전에 여러 회사의 대표들을 만나면서 알게 된 것은 모두 같은 업종의 사업을 하고 있지만 자세히 들여다보면 회사마다 매출이 구조적으로 많이 다르다는 점이었다. 보유한 상품의 포트폴리오도 각양각색이고 매출이 발생하는 쇼핑몰, 즉 매출처의 비중도 다양했는데 이를 보면서 '어떤 매출 구조가 벤더 사업에 가장 이상적일까?' 하는 생각을 많이 했다.

예를 들어 똑같이 월 매출이 1억 원인 회사 A와 B가 있다고 가정해 보자. A 회사는 1개월에 100만 원씩 판매하는 상품 100개를 보유해서 1억 원의 매출을 올리고, B 회사는 1개월에 5,000만 원씩 판매하는 히트 상품 2개를 보유해서 1억 원의 매출을 올린다. 두 회사 모두 같은 기조를 유지하면서 일하는 회사라면 어느 회사가 더 좋은 구조라고 할 수 있을까? 이 물음에 정답은 없다. 다만 두 회사의 장단점을 비교해 보면 다음과 같다.

	A 회사(100만 원 매출 상품 100개 보유)	B 회사(5,000만 원 매출 상품 2개 보유)
장점	- 매출이 안정적임 - 일반적으로 마진율이 높음	- 매출 확대가 용이함 - 관리가 용이하고 인력이 덜 필요함
단점	- 매출 확대가 어려움 - 관리 업무가 많고 고정비가 더 많이 발생함	- 매출이 불안정함 - 일반적으로 마진율이 낮음

　A 회사의 매출은 B 회사보다 안정적이라고 볼 수 있다. B 회사의 경우 지난달에도 5,000만 원에 판매된 히트 상품이라면 수많은 경쟁사의 타깃이 될 가능성이 높기 때문이다. 대부분의 판매자는 다른 회사들이 어떤 상품을 판매하는지 항상 눈여겨보는데, 이 정도의 히트 상품이라면 많은 경쟁자가 도전을 해 올 것이다. 그러다 경쟁사 중 어느 한 곳이 유사 상품의 가격을 낮춰서 시장에 진입하면 바로 매출에 타격을 입게 되는데, 상품이 2개밖에 없으므로 그 충격이 더 클 수밖에 없다. 반면 A 회사의 상품은 모두 눈에 띄는 히트 상품이 아니기 때문에 좀처럼 타깃이 되지도 않고, 타깃이 된다고 하더라도 상품이 100개나 되므로 충격이 크지 않다.

　또한 일반적으로 마진율도 B 회사가 낮을 가능성이 높다. 월 5,000만 원 정도의 매출이 나오는 히트 상품이 이렇게 눈에 띄는데도 그 자리를 계속 유지한다는 것은 치열한 가격 경쟁에서도 우위에 있을 가능성이 높기 때문이다. 반면 A 회사의 상품들은 경쟁이 덜 치열하기 때문에 비교적 높은 마진율을 가지고 갈 수 있다.

결국 매출과 마진의 관점에서 A 회사가 B 회사에 비해 외부의 영향을 덜 받는다고 볼 수 있다. 다만 A 회사는 매출을 늘리는 것이 쉽지 않다. 가령 매출 5,000만 원을 올리려면 A 회사는 상품 50개를 신규 소싱해서 판매해야 하지만 B 회사는 상품 하나만으로도 가능하다. 또한 A 회사는 같은 매출을 올리면서 상품 100개를 관리해야 하므로 업무도 많고 사람도 많이 필요하다. 즉 상품 마진율은 높지만 그만큼 고정비가 많이 발생한다는 단점이 있다.

두 회사의 구조를 한마디로 표현하자면 A 회사는 '로 리스크, 로 리턴Low risk, low return', B 회사는 '하이 리스크, 하이 리턴High risk, high return'이라고 할 수 있지 않을까? 다소 극단적인 비교이긴 하지만 실제로 온라인 벤더 사업을 하는 회사들 중에는 이런 식으로 매출 구조가 극명하게 나뉘는 경우가 많다. 특히 TV홈쇼핑 위주로 운영하는 벤더사의 경우 B 회사의 형태와 거의 유사하다고 보면 된다.

나는 사업을 시작할 때 잘되는 것보다 망하지 않는 것을 훨씬 더 중요하게 생각했다. 그 이유는 개인적인 성향 때문이기도 하고 당시의 상황 때문이기도 했다. 그래서 나는 사업 초기부터 A 회사의 모습을 내가 만들어 가야 할 회사의 방향으로 정했으며, 실제로 나중에 회사의 매출이 많이 올랐을 때도 히트 상품 몇 개에 매출이 집중되지 않도록 나름대로 조절하면서 운영했다.

▮ 리스크를 줄이는 열쇠는 채널별 매출 분산

매출 구조와 관련해서 또 한 가지 생각해 봐야 할 점이 있는데 이는 매출 채널과 관련된 것이다. 마찬가지로 똑같이 월 매출이 1억 원인 두 회사를 예로 들어보겠다. C 회사는 쇼핑몰 20개를 운영하는데 각각의 쇼핑몰 매출이 거의 균등하다. 즉 각각의 쇼핑몰에서 월 500만 원 정도의 매출을 올려 총 1억 원의 월 매출이 발생하는 것이다. D 회사 역시 20개의 쇼핑몰을 운영하고 있지만 2개의 쇼핑몰에서 5천만 원씩 매출이 발생하고, 나머지 18개 쇼핑몰에서는 거의 매출이 없다. 이 경우 장단점을 비교하면 다음과 같다.

	C 회사(쇼핑몰 20곳 균등 매출)	D 회사(쇼핑몰 2곳 매출 집중)
장점	- 매출이 안정적임	- 매출 확대가 용이함 - 관리가 용이하고 인력이 덜 필요함
단점	- 매출 확대가 어려움 - 관리 업무가 많고 고정비가 더 많이 발생함	- 매출이 불안정함

표를 보면 앞에서 A 회사와 B 회사를 비교한 것과 매우 유사하다는 것을 알 수 있다. 대형 쇼핑몰은 시기에 따라 본사의 영업 방향이 달라진다. 가령 매출 중심의 운영에서 이익 중심의 운영으로 기조가 바뀔 수 있는데, 이렇게 되면 보통 쇼핑몰이 부담하던 할인쿠폰이 일괄적으로 빠지거나 줄어드는 경우가 있다. 그 결과 해당 쇼핑몰의 전체 매출이 일시적으로 많이 감소하게 된다. 만약 D 회사의 주요 매출처인 쇼핑몰이 이런 상황이라면 함께 매출이 감소하는 것을 피할 수 없다. 이런 경우는 실제로 온라인 사업을 하다 보면 흔히 발생하는 일이다.

반면 주요 매출처 한 곳과 좀 더 긴밀하게 협력이 이뤄질 가능성이 높다. 쇼핑몰 MD 입장에서는 아무래도 매출이 높은 협력사와 커뮤니케이션을 많이 할 수밖에 없기 때문이다. 따라서 상대적으로 C 회사보다 유리한 영업적 여건을 가지게 된다. 이를 반대로 이야기하면 D 회사는 쇼핑몰 MD의 영향을 더 많이 받는다고 할 수 있다. 이는 협력이 잘될 때는 매출 상승에 도움 되지만 MD의 협조가 줄어들면 매출도 함께 줄어들 가능성이 있다는 얘기다.

많은 상품을 운영할 때와 마찬가지로 많은 쇼핑몰을 운영하면 관리 업무가 더 많아지고 인건비 등의 고정비 지출이 커진다. 판매 상품을 몇 개나 보유해야 하는지에 관한 문제에는 정답이 없고 회사의 상황에 따라 방향을 정하면 된다. 하지만 채널 관련해서는 C 회사의 구조, 즉 가능하면 여러 쇼핑몰로 매출을 분산시키는 것을 추천한다. 왜냐하면 예를 든 것 이외에도 특정 쇼핑몰의 매출이 외부 요인으로 인해 급변하는 상황이 매우 빈번하게 발생하기 때문이다. 상품의 경우에는 그나마 벤더가 통제할 수 있는 여지가 꽤 있지만, 쇼핑몰의 변화는 대부분 벤더가 통제할 수 없는 요인들이기 때문이기도 하다.

매출을 비교적 안정적으로 유지할 수 있다는 점은 온라인 벤더 사업의 대표적인 장점 중 하나다. 나의 경우에는 어느 달에 특정 쇼핑몰의 매출 비중이 너무 높아지면 해당 쇼핑몰의 판매가를 조금 높게 설정하고 다른 쇼핑몰의 판매가를 조금 낮게 설정하는 방법으로 매출을 고르게 분산시켰다. 판매가 조정이 매출의 분산을 조절할 수 있는 가장 쉽고 효과적인 방법이다.

벤더 사업을 할 때 열정과 노력도 중요하지만 사업 초기에 이와 같은 구조적 방향성에 대해서 고민해 보고 본인의 사업 콘셉트와 환경, 운영할 상품군 등에 비춰서 나름의 방향과 색깔을 정하는 시간이 필요하다. 그래야 자신이 지금 무슨 일을 해야 할지, 지금 하는 일이 3개월 후에 회사에 어떤 변화를 줄지, 6개월 후의 변화를 위해서는 어느 시기에 무슨 일을 해야 하는지 명확하게 알 수 있기 때문이다.

상품에 브랜드를 입혀
고객에게 '안도감'을 준다

▌브랜드를 확보하는 법

대부분의 벤더가 자사 상품의 차별화를 위해 브랜드를 활용하고 싶어 한다. 브랜드가 있으면 경쟁사들과 유사 상품을 판매하더라도 더 눈에 띄게 노출할 수 있고 가격 또한 높게 받을 수 있기 때문이다. 무엇보다 고객들이 온라인 시장에서 브랜드를 선호하는 이유는 신뢰감 때문인 경우가 많다. 상품을 직접 보지 못하는 온라인 시장에 브랜드는 믿을 만하다는 인상을 심어 준다.

자신의 브랜드 만들기

브랜드를 확보하는 방법은 크게 세 가지다. 첫 번째는 자신의 브랜드를 만드는 것이다. 온라인 사업을 하면서 가장 많이 듣는 얘기 중의 하나가 바로 자신의 브랜드를 만들라는 것이다. 물론 틀린 말은 아니다. 자신의 브랜드가 있으면 독자적인 콘셉트를 살리기 쉽고, 더 나아가서는 브랜드의 가치를 높이는 것이 회사의 가치를 높이는 가장 좋은 방법이기 때문이다. 하지만 브랜드를 만들기 위해서는 많은 비용과 시간 그리고 노하우가 필요하므로 아무것도 없이 작은 규모로 시작하는 사람들한테는 현실적으로 맞지 않다.

온라인 시장에는 이미 많은 판매자가 자신만의 브랜드를 내세워 상품을 판매하고 있다. 하지만 모든 브랜드가 제 역할을 하고 있는지 냉정하게 따져 볼 필요가 있다. 고객들이 알아주지 않는 브랜드, 사실상 상품명에 지나지 않는다면 브랜드로서의 기능을 제대로 한다고 할 수 있을까?

물론 온라인 시장에는 자신의 브랜드를 매우 잘 포장해서 마케팅하거나 콘셉트를 잘 잡아서 꽤나 성공적으로 차근차근 성장해 나가는 회사도 있다. 이런 선택을 하려면 남들보다 브랜드 마케팅 능력이 월등하거나 내 상품에 경쟁 상품과 확연히 차별화되는 포인트(특허, 디자인 등)가 있어야만 그나마 성공할 확률이 커진다. 따라서 이런 특별한 경우가 아닌 이상 소규모 회사가 처음부터 자신만의 브랜드를 만드는 것은 그다지 추천하지 않는다.

기존 브랜드 인수하기

브랜드를 확보하는 두 번째 방법은 기존 브랜드를 인수하는 것이다. 브랜드를 산다고 하면 너무 거창하게 들려서 선뜻 엄두가 나지 않을 수도 있다. 하지만 꼭 유명한 브랜드를 인수할 필요는 없다. 브랜드는 온라인 시장에서 고객들의 품질이나 서비스에 대한 불안감만 해소할 수 있어도 아주 큰 도움이 된다. 따라서 인지도가 높은 좋은 이미지의 브랜드만 고집할 필요는 없고, 상품 카테고리에 따라 생각보다 적은 비용으로도 인수 가능한 브랜드들을 찾을 수 있다.

꼭 국내 브랜드여야만 하는 것도 아니다. 해외로 눈을 돌리면 오랜 역사를 가졌지만 현재는 잘 사용하지 않는 브랜드를 찾을 수 있다. 한 가지 좋은 예로 이름만 들으면 모두가 아는 한 학생 가구 제조사는 사업 초기에 유럽 브랜드의 국내 사용권을 사서 국내에서 운영하다가 회사가 커지자 아예 브랜드를 인수하고 나중에는 회사명까지 브랜드명으로 바꾸었다. 이 회사는 수십 년 동안 해당 카테고리에서 명실공히 1등을 유지하고 있을 정도로 성공했다. 이 회사가 유럽에서 해당 브랜드를 인수했을 당시에는 지금의 국내 인지도로 봐서는 상상도 할 수 없을 만큼 저렴한 비용으로 계약을 했다고 한다. 이는 낮은 등급의 브랜드를 저렴하게 인수해 브랜드 인지도와 가치를 높이는 것도 충분히 가능하다는 이야기다.

하지만 이 방법 또한 사업 초기부터 실행하기에는 위험 부담이 있고, 무엇보다 가격과 콘셉트 등의 조건이 맞는 브랜드를 찾기가 쉽지 않다. 소규모 회사에서는 훌륭한 브랜드 마케터를 확보하기가 쉽지 않으므로 인수한 브랜드를 키우는 것 자체도 현실적으로 쉽지 않은 일이다. 다만 창업자를 비롯한 회사 조직의 능력과 성향에 따라 효율적으로 잘 해내기만 한다면 궁극적으로 가장 좋은 방법이다.

브랜드 라이선스 계약하기

앞에서 이야기한 방법은 모두 자신의 브랜드를 갖게 되는 방법이다. 이와 달리 마지막 방법은 남의 브랜드를 사용하는 것이다. 즉 브랜드 라이선스 계약이다. 라이선스 계약이라는 것은 말 그대로 사용료만 내고 브랜드를 사용하는 형태로 가장 큰 장점은 초기에 큰 비용이 들지 않는다는 것이다. 얼핏 '어느 브랜드가 사용료만 낸다고 자사의 브랜드를 사용하게 해 주겠나'라고 생각할지 모르지만, 꽤 많은 브랜드가 라이선스 계약을 통해 자사의 이익을 극대화하고 있다.

효율적으로 라이선스를 계약하는 방법 중 하나는 브랜드의 사용 영역을 제한하는 것이다. 벤더라면 온라인 쇼핑몰에서의 사용 계약만 하면 된다. 오프라인 매장은 본사에서 직접 운영하고, 벤더는 온라인 전용 상품을 만들어서 온라인 쇼핑몰에서만 해당 브랜드로 판매하는 경우가 꽤 많다. 이는 아직도 본사가 온라인 시장에서 직접 활동하지 않는 경우가 많아서 가능한 것인데, 여기에는 여러 가지 이유가 있다.

일단 온라인 시장은 가격이 평균적으로 저렴해야 한다. 고객은 상품을 직접 경험하지 않고 구매해야 하므로 이에 대한 리스크를 저렴한 가격으로 보상받으려는 경향이 있다. 오프라인에서 판매하는 상품을 온라인에서 같은 가격에 판매해서는 좋은 실적을 기대하기 어렵다는 이야기다. 그렇다고 오프라인 매장과 동일한 상품을 온라인에서만 저렴하게 판매할 수도 없는 일이다. 결국 온라인 시장에 본격적으로 진출하려면 기존의 상품 라인업에서 추가로 온라인 전용 상품을 만들어야 하는데, 이는 생각보다 어려운 일이다.

규모가 큰 브랜드의 본사들은 온라인 전용 상품을 따로 만들어서 온라인 시장에 적극적으로 진출하지만, 그렇지 않은 브랜드들의 경우에는 온라인 활동이 지지부진할 수밖에 없다. 그렇다고 채널 자체로서는 꽤 매력적인 온라인 시장에서 아무것도 하지 않을 수는 없다 보니 많은 브랜드가 벤더사와의 라이선스 계약을 통해 업무는 줄이고 수수료를 받아 이익을 극대화하는 것이다.

심지어 브랜드 본사가 온라인 시장에서 자사 상품을 가지고 활발하게 판매하고 있는 경우에도 본사의 이익을 극대화하기 위해 온라인 전용 서브 브랜드를 하나 더 만들어 벤더와 라이선스 계약을 맺기도 한다. 예를 들어 '가나다'라는 브랜드가 있다고 가정하자. 이 회사는 '가나다'라는 브랜드명으로 자사 상품을 이미 온라인 시장에서 판매하고 있다. 그런데도 라이선스 수수료 이익을 취하고 싶다면 'ABC by 가나다'라는 식으로 서브 브랜드를 하나 더 만들어서 벤더와 라이선스 계약을 하는 것이다. 브랜드 본사와 벤더가 같은 브랜드로 온라인 시장에서 활동할 수도 있지만 이는 서로 혼란과 비효율이 발생할 우려가 있기 때문에 좋은 형태라고 할 수 없다. 서브 브랜드 라이선스는 관리 측면에서 본사 상품과 벤더 상품을 명확하게 구분하기 위해서도 많이 사용되는 방법이다.

브랜드 본사 입장에서 라이선스 계약의 또 한 가지 장점은 벤더가 온라인 시장에서 자사 상품을 판매하기 위해 여러 가지 마케팅 활동을 하면 브랜드의 노출도가 올라가 인지도가 상승하는 효과를 기대할 수 있다는 것이다. 온라인 쇼핑몰 방문자 수가 많아지는 데다가 방문자들의 연령대가 다른 채널과 비교해 젊다는 것이 꽤나 매력적인 부분이다.

　나는 브랜드를 확보하기 위해 사업 초기에 라이선스 계약을 적극적으로 활용했다. 처음부터 자신의 브랜드를 갖는 것도 좋지만 리스크가 낮은 라이선스 계약을 활용해서 회사를 먼저 성장시킨 후에 자기 브랜드를 확보하는 것도 좋은 방법이다. 수많은 사람이 온라인 사업에서 강조하는 '자기 브랜드'에 대해 조급하게 생각할 필요는 없다.

Tip **브랜드 라이선스 계약 시 수수료 선택 노하우**

브랜드 라이선스 계약은 수수료의 지급 형태에 따라 정액제와 정률제로 나뉜다. 정액제는 말 그대로 매출과 상관없이 일정 금액을 지급하는 것이고, 정률제는 매출의 일정 부분을 수수료로 지급하기 때문에 수수료가 매출과 비례해서 발생하는 형태다.

당연히 벤더 사업 초기라면 정률제로 계약하는 것이 안전하다. 정액제로 계약했는데 생각보다 상품 판매가 저조하면 매출보다 수수료가 더 커질 수도 있기 때문이다. 그렇다고 항상 정률제가 좋은 것은 아니다. 매출이 안정적으로 커졌을 때는 정액제로 계약해야 수수료 비용을 절감할 수 있다. 따라서 처음에는 정률제로 계약을 하고 안정적인 매출을 유지할 수 있을 때 정액제로 변경하는 것이 효율적이다.

▮ 라이선스 계약, 어렵지만 필요한 이유

나는 사업 초기에 가구 상품을 주로 취급했는데 가구는 상품의 특성상 카피가 용이하다. 가구는 사람이 과정 하나하나 직접 만드는 상품이 많다 보니 새로 출시된 상품을 다른 회사가 카피해서 내놓는 데는 일주일도 채 걸리지 않는다. 간혹 디자인 등록을 통해 자사 상품을 보호받는 경우도 있지만, 비용면이나 시간상으로 작은 회사에서 자사의 모든 상품에 대해 디자인 등록을 하는 것은 불가능에 가깝다. 실제로 인터넷에서 판매하는 상품 중에 법으로 보호받는 경우는 1%도 안 된다고 보면 된다. 이건 비단 가구 카테고리뿐 아니라 의류를 비롯해 많은 카테고리가 비슷한 상황이다.

그래서 출시한 상품의 반응이 좋을 때 선택한 방법 중의 하나가 바로 브랜드 라이선스 계약이었다. 다른 회사에서 쉽게 따라 할 수 없는 무언가를 만들 필요가 있었고, 그에 앞서 남들과 유사한 상품이지만 뭐라도 포인트가 되는 차별성이 필요했기 때문이다.

당시에는 신생 업체에 불과했으므로 처음부터 계약이 순조롭지는 않았다. 유명 브랜드들은 라이선스 계약을 맺으면 상품의 품질, 서비스 등 여러 가지 이유로 자칫 자사의 브랜드 이미지가 훼손될 수도 있으므로 업력이 검증되고 관리가 철저한 비교적 큰 규모의 업체와 함께하려고 했다. 게다가 계약 자체가 판매 금액의 일정 부분을 수수료 형식으로 지급하는 정률제 형태였기 때문에 자사의 이익 극대화를 위해서도 매출 규모가 큰 회사를 선호할 수밖에 없었다.

그러다 보니 당연히 거절당하는 일이 다반사였다. 몇 달 만에 겨우 하나의 브랜드와 계약을 체결했는데, 이조차 우리만 사용할 수 있는 독점 계약이 아닌 다른 경쟁 벤더들도 모두 사용할 수 있는 오픈 계약이었다. 그런데도 내가 그 브랜드와 계약한 이유는 당시 대부분의 경쟁사들은 라이선스 계약 자체를 생각하지 못했기 때문이었다. 어쨌든 수십, 수백 개의 유사 상품 중에 그래도 한 번이라도 들어 본 적 있는 브랜드를 상품에 붙였기 때문에 차별성을 부각시킬 수 있었다.

라이선스 계약은 왜 독점으로 해야 할까?

내가 라이선스 계약을 통해 처음으로 출시한 상품은 책장이었다. 그 책장은 내가 라이선스 계약을 맺기 전부터 이미 수년 동안 안정적으로 판매되고 있는 상품이었고, 똑같은 상품을 판매하는 판매처도 20여 곳이나 되었다. 판매가는 대략 5만 원이었는데 원가가 뻔한 상품이다 보니 판매가가 1,000~2,000원 정도밖에 차이 나지 않았다. 한마디로 수요가 꽤 많지만 경쟁자 또한 많은 레드오션이었던 셈이다. 그나마 다행이었던 것은 20여 곳의 판매처 중에 알려진 브랜드를 달고 판매하는 곳은 한 군데도 없었다. 내 전략은 단순했다. 이 상품에 브랜드를 붙이고 남들보다 3,000원 정도 가격을 높여서 판매하는 것이었다. 이렇게 하자 판매 순위가 단숨에 동일 상품 중 2위로 올라갔다. 판매 금액이 월 1억 원에 가까운 실적이었다.

문제는 앞서 언급한 바와 같이 라이선스 계약이 독점이 아니었기 때문에 우리가 책장을 출시한 지 약 1년 만에 다른 경쟁 업체에서 이와 유사한 상품을 동일한 브랜드로 출시했고 그 결과 우리 매출이 크게 타격을 입은 것이었다. 경쟁사의 상품이 우리 상품보다 월등히 우수하거나 저렴하지는 않았지만 그럼에도 불구하고 고객에게 혼동을 주었고, 매출이 일부 분산되는 결과를 가져왔기 때문에 매출 하락을 피할 수 없었다. 하지만 독점 계약이 아니어서 법적으로 보호받을 수 있는 방법이 전혀 없었다. 이런 점 때문에 라이선스 계약을 할 때는 되도록 독점 계약을 해야 한다. 이는 상품 하나 보호받는 것을 넘어서 멀리 봤을 때 상품의 라인업을 만들어 가는 데 필수적이다. 향후 우리 상품 전체를 마케팅하거나 프로모션할 때도 결과가 크게 달라질 수 있다.

▌라이선스 계약은 왜 장기로 해야 할까?

라이선스 계약을 할 때 고려해야 할 또 다른 중요한 점은 계약 기간이다. 가급적 계약 기간을 장기로 하는 것이 유리한데, 장기라 하면 보통 5년 정도를 말한다. 가령 라이선스 계약을 1년으로 체결했다고 하자. 내가 1년 동안 많은 상품을 해당 브랜드로 론칭하고 잘 운영해서 온라인 시장에서 해당 브랜드의 노출 및 인지도가 상승하고 꽤 높은 매출을 올리고 있다면 아마도 많은 경쟁 업체가 그 브랜드에 눈독을 들일 것이다. 이때 계약 기간이 짧으면 당연히 다른 회사들이 브랜드 본사를 찾아가 우리보다 더 좋은 조건으로 계약에 대한 제안을 할 것이다. 그러다 만일 브랜드 계약이 경쟁 업체로 넘어가기라도 하면 1년 동안 공들인 것들이 하루아침에 무너지게 된다.

그래서 나는 이후 거의 모든 라이선스 계약을 5년 단위로 체결했고, 계약 만기일이 6개월 정도 남았을 때부터 계약 연장에 대한 논의를 했다. 또한 브랜드를 하나만 계약하지 않고 항상 복수로 유지해서 만에 하나 특정 브랜드의 계약 연장이 불가능해지더라도 나머지 브랜드를 사용할 수 있게끔 하는 등 최악의 상황에 대비를 했다.

이처럼 브랜드 라이선스의 경우 차별화라는 장점이 있는 반면에 자체 브랜드가 아니기 때문에 발생할 수 있는 여러 가지 리스크가 있다는 점을 항상 염두에 두어야 한다. 다만 앞서 언급한 대로 미리 준비만 잘 해 놓는다면 리스크는 충분히 대비할 수 있다.

▌라이선스 계약할 브랜드 찾는 법

비활동 브랜드를 사용한다

라이선스 계약을 할 브랜드를 찾는 방법은 몇 가지가 있는데, 소위 '죽은 브랜드'를 사용하는 것이 가장 일반적이다. 어떤 카테고리에서든 잘 찾아보면 예전에는 많은 사람들에게 널리 알려졌지만 현재는 이름만 남아 있는 브랜드가 꽤 많다. 이름만 남아 있다는 것은 현재는 회사 상황이 좋지 않아 생산·판매 활동을 사실상 중단했으나 많은 소비자가 아직도 이름을 기억하고 있다는 의미다. 또 그중에는 여전히 해당 브랜드 간판을 달고 영업하는 대리점이 많이 남아 있는 경우도 있다.

다른 카테고리의 브랜드를 활용한다

예를 들어 가구 브랜드로 침구나 생활용품 등을 판매하거나 의류 브랜드로 가방, 선글라스 등 패션 잡화 상품을 판매하는 방법이다. 브랜드 본사 입장에서는 어차피 자신들은 다른 카테고리의 상품을 취급하지 않기 때문에 브랜드가 훼손되지 않는다는 전제하에 별도의 수익을 기대할 수 있으므로 긍정적으로 생각하는 경우가 많다. 그래서 벤더사가 이 방법으로 라이선스 계약을 맺는 것이 비교적 용이하다.

해외 브랜드를 활용한다

다른 카테고리의 브랜드를 활용하는 것과 마찬가지로 해외에서는 유명하지만 한국에 진출해 있지 않고 한국 시장에 큰 관심이 없는 브랜드의 경우 쉽게 계약이 가능한 편이다. 해외 브랜드를 활용하면 상품을 판매할 때 브랜드의 히스토리, 이미지 등을 사용할 수 있어 차별화에 큰 도움이 된다.

예를 들어 예전에 수제 지갑을 만들어서 판매하는 A라는 회사가 이탈리아의 40년 된 수제품 가게에 "당신 가게의 브랜드와 히스토리를 사용하는 조건으로 라이선스 계약을 맺고 싶다"는 내용의 이메일을 보냈다. 거래 조건은 판매 금액의 일부를 주는 것이었다. 그 가게 입장에서는 손해 볼 일이 없는 계약이었다. 그들은 향후 한국에 진출할 계획이 전혀 없는 작은 규모의 오래된 가게일 뿐이기 때문이었다. 브랜드 사용료만 잘 지급된다면 리스크도 별로 없었다. 그래서 비교적 쉽게 계약이 체결되었고, A 회사는 수제 지갑을 꽤 근사하게 포장해서 판매할 수 있었다.

의외로 외국(특히 유럽)에는 이렇게 저마다의 히스토리를 가지고 있으면서 크지 않은 규모의 브랜드가 꽤 많다. 소규모 회사로서는 해외 본사와의 연결이 쉽지 않을 수도 있지만, 해외 브랜드와 국내 업체를 연결해 주는 에이

전시도 있으니 이런 에이전시를 활용하는 것도 가능하다.

▌라이선스 계약 관계에서 주의할 점

라이선스의 사용은 자칫 잘못하면 실제 브랜드가 아닌 상품을 브랜드로 속이는 활동으로 여겨질 수도 있다. 실제로 온라인상에는 도저히 브랜드 상품이라고 할 수 없을 정도로 품질이 좋지 않은 상품에 상표 딱지만 붙여서 판매하는 경우가 꽤 있다. 이를 소위 '딱지 상품'이라고 부른다. 이렇게 운영하면 매출 실적도 오래 유지할 수 없고 브랜드 이미지도 금세 훼손되어 브랜드 본사도 보이지 않는 엄청난 손실을 입게 된다. 당연히 브랜드 라이선스 계약도 오래가지 못한다. 라이선스 계약에서 가장 중요한 점은 어떤 브랜드를 붙이든지 반드시 해당 브랜드에 걸맞은, 즉 고객이 그 브랜드를 보고 기대할 수 있는 수준의 상품 품질, 서비스 기준과 수준을 유지해야 한다는 것이다.

라이선스 계약은 좋은 품질의 상품과 서비스 관리 능력을 갖췄지만 아직 자사 브랜드를 가질 만큼의 규모를 갖추지 못했을 때 활용할 수 있는 효과적인 방법이다. 잘만 운영한다면 벤더는 물론 브랜드 본사도 높은 수익을 얻을 수 있을 뿐 아니라 브랜드의 온라인상 노출 빈도가 높아져 인지도 상승도 얻는, 진정한 윈윈win-win이 될 수 있다.

법인사업자가 되어
한 단계 도약을 꿈꾼다

개인사업자와 법인사업자의 차이

개인사업자의 법인 전환이란 개인사업자로 사업을 운영하던 사업자가 필요에 의해 법인사업자로 조직 형태를 바꾸는 것을 말한다. 온라인 벤더 사업을 처음 시작할 때 대부분 개인사업자로 등록한다. 매출 규모가 크지 않고 아직 사업 확장이나 투자 유치 계획이 없다면 개인사업자로 운영하는 것이 유리하기 때문이다. 하지만 매출 규모가 일정 수준 이상으로 성장했거나 사업 확장을 위한 투자 유치, 정부지원사업 참여, 가업 승계 등을 고려하고 있다면 법인사업자로 전환하는 것이 유리하다. 법인 설립 업무는 일반적으로 법무사에게 위임하므로 여기서는 개념 정도만 설명한다.

일반적으로 개인사업자와 법인사업자의 가장 큰 차이로 세무 처리를 꼽는다. 개인사업자 형태는 회계 및 세무 처리가 간편해 소규모 사업자에게 적합하고, 법인사업자 형태는 회계 및 세무 처리가 복잡하여 일정 규모 이상의 사업자나 지속 성장을 목표로 하는 회사의 경우에 적합하다. 그 밖에도 중요한 차이점들이 있으니 법인사업자로 전환하는 것이 회사에 유리한지 잘 살펴보고 신중하게 선택할 것을 권한다.

· 등기 여부

개인사업자는 별도의 등기 절차 없이 관할 세무서나 국세청 홈택스에서 사업자 등록을 신청하면 바로 사업을 개시할 수 있다. 반면 법인사업자는 관할 등기소에 설립 등기를 해야 법인격을 갖추게 된다. 이는 필수 사항이며 설립 등기가 완료된 후 세무서에 사업자 등록 신청을 하면 법인사업자 등록이 완료된다.

· 소득의 귀속

개인사업자의 경우 개인이 사업의 주체이므로 소득과 부채 모두 개인의 것이다. 하지만 법인사업자의 사업 주체는 개인이 아닌 기업이므로 법인의 소득은 대표나 주주의 것이 아닌, 기업 자체의 소득이 된다.

· 자금의 인출

개인사업자의 경우 소득이 개인의 것이므로 개인 명의의 통장에서 자유롭게 인출하는 것이 가능하다. 하지만 법인사업자는 법인의 계좌에서 회사 자금을 마음대로 인출할 수 없다. 대표자는 급여나 상여, 배당에 의해서만 이익을 분배받을 수 있을 뿐이다.

▌개인사업자에서 법인사업자로 전환하는 법

개인사업자에서 법인사업자로 전환하는 방법은 여러 가지가 있다. 일반적으로 부동산이 많고 자산과 부채의 규모가 크면 현물출자에 의한 법인 전환을 고려하고, 자산과 부채의 규모가 작은 편이라면 절차가 간단한 일반 사업 양수도에 의한 법인 전환을 한다. 일반 사업 양수도는 개인 사업을 신설 법인에 매각하는 방법으로 개인사업자의 모든 자산과 부채를 법인에 포괄적으로 양도하는 것이다. 전환 절차는 다음과 같다.

❶ 법인의 설립

설립 등기는 검사인의 설립 경과 조사와 법원의 변경 처분에 따른 절차 완료일로부터 2주 안에 법인설립등기신청서와 정관과 주식 인수를 증명하는 서류 등을 첨부하여 관할 등기소에 신청하면 된다. 설립 등기를 함으로써 법인격이 취득되어 법인의 이름으로 영업 활동을 할 수 있다.

❷ 법인과 개인 기업 간의 사업 양수도 계약 체결

법인이 설립되면 개인 기업과 사업 양수도 계약을 체결할 수 있게 된다. 이 계약을 체결할 때는 사업의 양수에 관해 주주총회의 특별 결의가 필요하다. 사업 양수도 금액은 자산 총액에서 부채 총액을 차감한 잔액으로 하되 시가를 반영하여 평가한다. 이때 주의해야 할 점은 사업 양수도 금액이 부풀려진 경우 나중에 세무 문제가 발생할 수 있으므로 꼼꼼하게 확인해야 한다는 것이다.

❸ 개인 기업 결산과 이에 대한 폐업 및 부가가치세 신고

개인 기업의 결산은 법인 기업으로 넘기는 자산과 부채를 정하는 기준이 되므로 기업 회계 기준에 따라 성실히 수행한다. 개인 기업을 폐업 신고한 후 폐업 신고일이 속하는 달의 말일로부터 25일 내에 부가가치세 신고를 하거나, 부가가치세 신고를 하면서 폐업 사유 신고서에 표시하거나 둘 중의 한 방법을 선택한다.

❹ 법인 설립 신고 및 사업자 등록 신청

관할 세무서에 사업자 등록 신청을 할 때는 신청서에 사업양수도계약서 사본과 법인등기부등본(제출 의무는 폐지)을 첨부하면 된다.

기업가치 1,000억 신화를 이룬
창업자의 경영 인사이트

성장 전략:
사업 확대의 발판으로 투자를 유치해라

▎투자란 무엇인가?

투자 유치라고 하면 대부분의 사람이 나와 상관없는 먼 이야기라고 생각한다. 나 또한 예전에는 투자는 대단한 기술력을 가진 일부 벤처기업들에나 해당되는 이야기인 줄 알았다. 그러다 보니 투자와 관련해서는 관심도 없었고 지식도 전무했다. 대부분의 사람들 또한 나와 비슷한 상황이라 생각하고 투자와 관련된 매우 기본적인 사항과 용어 등을 간략하게 짚고 가고자 한다.

먼저 투자라는 것은 말 그대로 돈을 가진 주체가 회사의 미래 가치가 상승할 것이라는 기대하에 위험을 감수하고 자금을 투입하는 것으로, 이는 대출과는 전혀 다른 개념이다. 투자 유치에서 가장 중요한 것은 회사의 미래 가치가 상승할 것이라는 기대를 회사 구성원뿐 아니라 외부에도 심어 주어야 한다는 것이다.

여기서 오해해서는 안 되는 것 중 하나가 회사의 현재 실적이 좋은 것과 미래 가치 상승에 대한 기대는 분명히 다르다는 점이다. 현재 실적이 아무리 좋더라도 시간이 지날수록 추가 상승할 것이라는 기대를 주지 못한다면 투자를 유치하기 힘들다. 반대로 현재는 이익이 나지 않더라도 향후 성장할 것이라는 기대를 주는 것만으로도 높은 가치를 인정받아 투자를 이끌어 낼 수 있다.

일례로 언론을 통해 1년 영업 손실이 수천억 원에 달하는 회사가 밸류에이션valuation(가치평가)을 수조 원으로 인정받아 투자를 유치했다는 소식을 간혹 접하곤 한다. 이런 회사들은 현재의 실적이 부진함에도 회사의 미래 가치, 다시 말해서 현재 인프라, 구조, 전략, 노하우 등을 통해서 향후에는 큰 이익을 낼 수 있다는 기대를 충분히 인정받고 있는 것이다.

이렇듯 회사가 미래에 더 성장할 것이라는 비전을 제시하기 위해 투자자들에게 회사에 대한 정보를 제공하는 것을 IRInvestor Relations(투자 설명 활동)이라고 한다. 투자 유치는 이 IR에서부터 시작한다고 해도 무리가 없다. 비록 IR의 목적이 비전을 제시하는 것이지만, 회사의 좋은 점만 다루는 광고와는 달리 투자자들에게 보다 정확하고 광범위한 정보를 제공하여 투자자들이 회사에 대한 투자 여부를 판단할 때 실질적이고 객관적인 도움을 줄 수 있어야 한다.

나중에 회사의 투자 유치를 검토하게 된다면 많은 투자회사로부터 IR 자료를 요청받게 된다. IR 자료는 특별한 양식이 있는 것은 아니지만 일반적으로 지금까지 회사가 어떻게 성장해 왔는지, 그리고 향후에는 회사가 가지고 있는 전략과 인프라를 통해 어떤 방향으로 나아갈 것인지에 대한 내용이 들어간다.

두 번째로 설명할 것은 투자 방식이다. 투자회사가 투자를 하는 방식은 크게 신주 인수 방식과 구주 인수 방식 두 가지로 나뉜다. 신주 인수란 회사의 주식을 더 발행해서 그 주식을 투자사가 사는 방식이다. 당연히 투자금은 회사로 들어오게 된다. 보통 회사 운영상 자금이 필요할 때 신주 인수 방식의 투자가 이루어진다. 현재 이익이 나지 않지만 계속 자금 투입이 필요한 경우, 또는 수익성은 문제가 없지만 사업을 크게 확장하려는 경우에 신주 인수가 이루어진다고 보면 된다.

구주 인수란 말 그대로 기존의 주주가 가지고 있던 주식을 투자회사가 사는 방식이다. 따라서 투자금은 기존 주주 개인의 자산이 되며 회사의 주식수와 자본금은 변동이 없고 주식의 주인만 바뀔 뿐이다. 이 경우는 회사가 이미 이익이 나고 있고 사업을 확장하는 데 필요한 자금을 충분히 가지고 있을 때, 창업자를 포함한 기존 주주의 부를 증대시키는 것이 목적이다.

반드시 그렇다고 할 수는 없지만 일반적으로 투자회사는 신주 인수 방식을 조금 더 선호한다. 아무래도 자신들이 투자한 돈이 기존 주주 개인의 자산이 되는 것보다는 회사의 자본금으로 들어가서 사업 확장에 쓰이는 것이 더욱 안전하다고 생각하기 때문이다. 투자회사가 주식의 50% 이상을 인수해 경영권이 이동되는 것을 '다수 지분majority 투자'라고 하고, 그렇지 않은 것을 '소수 지분minority 투자'라고 부른다. 다수 지분 투자의 경우 투자 이후에 투자회사에서 새로운 경영자를 앉히기도 하는데 소수 지분 투자의 경우에는 기존 경영자가 계속 회사를 운영하는 경우가 많다.

세 번째로 알고 가야 할 것은 회계 실사다. 투자회사와 어느 정도 이야기가 진행되면 IR 자료와 재무제표 등 좀 더 구체적인 회사 관련 자료의 제공을 요청받게 된다. 투자 심사를 마치고 투자할 가치가 있다고 판단하면 회계 실사를 한다. 투자회사는 회계 실사를 통해 회사가 제공한 재무제표가 공인 회계 기준에 의해 정확하게 작성되었는지(엄밀히 말하면 이는 회계감사에서 다루지만, 작은 규모의 회사는 회계감사가 의무가 아니기 때문에 회계 실사로 한꺼번에 설명한다), 또 정보를 받지 못해서 인지하지 못한 잠재 리스크는 없는지 등을 파악한다. 일반적으로 투자회사는 특정 회계 법인을 지정해서 일정 기간 실사를 한 뒤 실사 보고서를 받는다.

회계 실사를 하면 회사의 거의 모든 정보가 공개된다고 봐도 과언이 아니기 때문에 해당 투자회사의 투자 유치 의향이 명확할 때 진행해야 한다. 회계 실사 과정 중에 회사의 불리한 이슈가 나온다면 최종 투자 협상 시에 회사의 밸류에이션이 하락하기도 하고, 심한 경우 투자 자체가 무산되기도 한다.

마지막으로 투자에서 많이 쓰는 용어 중에 시리즈가 있다. 간혹 신문에서 모 벤처회사가 투자회사로부터 투자를 유치했다는 소식을 접할 때 시리즈A, 시리즈B와 같은 용어를 본 적이 있을 것이다. 이는 회사가 투자를 받는 시점에 따라 단계를 나눈 것으로 일반적으로 크게 네 단계로 구분한다.

먼저 시드seed 투자가 있다. 시드란 씨앗을 뜻하는 말 그대로 회사를 창업하는 시기에 받는 투자를 말한다. 주로 시드 투자는 엔젤 투자자들에 의해 많이 이루어지는데 이러한 자금은 보통 초기 인력 확보와 상품 개발 등에 쓰인다. 이 시기는 투자자 입장에서 보면 위험성이 매우 큰 투자일 수밖에 없으므로 회사 대표의 경영 능력이 뛰어나거나 아이디어가 매우 경쟁력이 있지 않는 한 투자 유치가 어려울 수 있다. 그러다 보니 보통 큰 금액을 유치하기는 힘들다. 최근에는 크라우드 펀딩을 활용하기도 하는데 이는 특정한 투자사가 아닌 대중으로부터 소액의 자금을 모으는 것이다.

다음 단계는 시리즈A 투자로 상품 개발 또는 서비스 출시 단계에서 받는 투자다. 주로 벤처캐피털VC들이 참여하고 조달된 자금은 초기 상품 생산 및 마케팅 비용 등에 쓰인다. 투자하는 회사의 실적이 거의 없는 상태에서 투자가 이루어지기 때문에 위험성이 크다고 할 수 있다.

시리즈B 투자는 상품의 시장성이 어느 정도 검증된 후 사업을 더 확장하기 위해 자금을 유치하는 것이다. 이는 주로 상품 생산의 확대, 인력 확보, 마케팅 확대 등에 사용된다. 이때는 성공 가능성이 확보된 상태이기 때문에 매우 큰 규모의 투자가 이루어지기도 한다. 이 역시 주로 벤처캐피털들이 많이 참여한다.

이후 시리즈C, D 등으로 이어지는데 쉽게 말해 시리즈B 투자를 통해 이미 어느 정도 성장한 회사를 더 크게 키우고자 하는 단계다. 대규모 투자은행이 참여하기도 하는데 때로는 수천억 이상의 규모로 투자가 이루어지기도 한다.

참고로 최근에는 투자 유치의 횟수에 따라 시리즈A, B, C 등을 붙이기도 해서 이 용어가 투자 시점에 따라 명확하게 구분된다고 할 수는 없다. 분명한 것은 단계가 뒤로 갈수록 투자사 입장에서 회사의 미래 가치 변화에 대한 예측이 쉬워지기 때문에 그만큼 위험성을 줄일 수 있는 만큼 더 많은 자금을 투입할 수 있다고 보면 된다.

서두에 언급했듯이 여기서는 투자에 대한 매우 기본적인 사항들만 다뤘다. 우리는 투자 전문가가 아니기 때문에 이에 대해서 상세한 지식을 가질 필요는 없다. 다만 기본적인 개념을 알아 두면 좋은 기회가 왔을 때 커뮤니케이션하는 데 큰 문제가 없을 것이다.

▎투자 유치는 이렇게 진행되었다

회사에서 투자에 관한 논의를 시작한 때는 2014년 여름경이다. 그 전에는 우리 같은 온라인 벤더사가 투자를 받거나 회사를 매각할 수 있다는 생각을 해 본 적이 없었다. 자체 브랜드를 가지고 있지 않았고, 그렇다고 자체 플랫폼(쇼핑몰)을 가지고 있지도 않았기 때문이었다. 벤더가 과거에 투자회사로부터 투자를 유치하거나 회사를 매각한 전례도 없었다.

그럼에도 불구하고 투자 유치를 생각하게 된 이유는 회사가 성장하면서 언젠가부터 나 혼자서 회사를 끌고 나가는 것에 버거움을 느꼈기 때문이었다. 회사의 거래액은 당시에 이미 300억 원을 훌쩍 넘어섰고, 직원 수도 약 40명에 달했다. 우리는 창업 이후 계속 빠른 성장을 했기 때문에 목표 또한 매년 공격적으로 설정했다. 2014년에 300억 원의 매출을 올렸다면 2015년 목표는 400억 원 이상이 되는 식으로 목표 매출액을 매년 증대시킬 수밖에 없었는데 혼자서는 도저히 감당할 자신이 없었다. 나는 실무의 전문가이지 경영의 전문가는 아니라는 생각이 들었다.

또 다른 이유는 이때만 해도 내가 회사 지분의 100%를 소유하고 있다 보니 때로는 지나치게 리스크를 회피하게 되어 공격적인 경영을 하는 데 장벽이 되곤 했다. 규모가 커지면서 공격적인 의사 결정이 필요할 때가 더 많아졌는데, 이때마다 '무리할 필요가 있나?' 하는 생각이 들면서 위축되곤 했다. 이렇게 개인 회사의 구조적인 성장 한계(개인의 성향에 따라 다를 수도 있다)를 느끼면서 주주 분산의 필요성을 인식하게 된 것이다.

이러한 이유들로 인해 투자회사들을 소개받아 만나 보았다. 가장 먼저 만난 곳은 국내에서 가장 큰 규모의 투자회사 중 하나로, 그런 대형 투자회사의 포트폴리오에 들어간다는 것만으로도 좋은 기회가 될 수 있었다. 미리 말하자면 결국 그 투자회사는 우리 회사의 최대주주가 되었다.

하지만 2014년 처음 만났을 때 그들이 제안한 것은 회사 지분의 20% 인수였고, 심지어 밸류에이션도 우리가 생각하는 것보다 터무니없이 낮았다. 그들이 보기에 우리 회사는 플랫폼, 브랜드 등 우리 것이 아무것도 없는 회사이다 보니 리스크가 크다고 판단해서 소수 지분의 인수만을 원한 것이었다. 투자회사 입장에서는 당연한 생각으로 충분히 이해가 되는 상황이었다. 하지만 나는 그 조건을 받아들일 수 없었다. 투자회사는 너무나 마음에 들었지만 소수 지분만을 매각한다면 투자회사가 우리 회사를 함께 성장시켜 줄 것 같지 않았다. 우리가 투자 유치에 관심을 갖게 된 첫 번째 이유가 큰 조직과 함께 회사를 성장시키고자 함이었는데 20%의 지분 인수 정도로는 투자회사가 크게 관심을 갖지 않을 것이라는 우려가 들었다. 결국 당시에는 여러 조건이 서로 맞지 않아 투자가 성사되지 않았다.

이후 내가 찾아간 회사는 투자 자문사였다. 보통 회사가 투자를 유치하거나 매각하려고 할 때 곧바로 투자회사를 만나지는 않는다. 대부분이 투자 자문사를 먼저 접촉하게 되는데 투자 자문사는 부동산으로 따지면 중개인 같은 개념이다.

일반적으로 투자 자문사를 만난 후의 투자 유치 과정은 다음과 같다. 우리가 투자 자문사에 투자나 매각 의뢰를 하면 먼저 자문사는 우리 회사에 대한 자료(2, 3페이지 정도의 간략한 자료로 이를 '티저'라고 한다)를 만들어서 투자자(매수자)를 찾는다. 적당한 투자사가 나오면 우리 회사에 대한 보다 상세한 자료를 넘겨 주고, 이후 투자할 의향이 있으면 투자사 내부적으로 투자심의위원회(투자회사의 경영진들이 모여 함께 투자 여부를 결정하는 회의)를 연다. 여기서 통과가 되면 실사가 진행되는데, 실사는 적지 않은 비용이 들어가므로 실사를 한다는 것은 투자 의향이 높다는 의미다. 회사의 실사가 끝난 뒤 특별한 문제가 없으면 투자에 대한 조건 협상이 시작되고 투자가 이루어진다. 자문사는 이 모든 과정, 즉 투자자 서칭부터 자료 작성, 제안, 회사의 실사, 투자 조건 협상까지 도와주는 일을 하는데 대형 회계법인에서 이러한 업무를 하기도 한다.

우리가 찾은 투자 자문사는 국내 대형 회계법인 중 하나였다. 신뢰할 수 있는 매각 자문사와 함께 일해야 신뢰할 수 있는 투자사를 만날 수 있다는 생각 때문이었다. 불행하게도 이때부터 시련이 시작되었다. 1년 이상의 기간 동안 자문사가 우리 회사에 대한 자료를 넘겨준 투자회사만 약 50개는 되었다. 처음에는 대부분 우리 회사의 성장률, 거래 규모, 영업 이익 등을 보고 관심을 가졌다. 앞서 언급한 것처럼 설립 이후로 한 번도 영업 손실이 난 적이 없으며 매년 평균 25% 이상의 성장을 이루었기 때문이었다.

하지만 늘 실사 바로 전 투자심의위원회에서 일이 어그러지곤 했는데, 거의 예외 없이 플랫폼이나 브랜드 등 '우리 것'이 전혀 없다는 이유에서였다. 투자사들은 우리 회사가 현재는 잘 운영되고 있다 하더라도 언제든지 흔들릴 수 있는 리스크를 구조적으로 가지고 있다고 생각한 것이다. 또 한 가지 장벽은 보통 투자회사들은 테마에 의해서 많이 움직인다는 것이었는데, 당시에는 한국의 화장품 제조사에 대한 투자가 활발히 이루어지던 시기였다. 따라서 많은 투자회사가 화장품 제조사를 찾느라 혈안이 되어 있었다. 테마를 따라가면 설령 투자가 실패하더라도 투자사나 담당자의 책임 소재가 아무래도 불분명해지는 경향이 있다.

전자상거래업은 기존의 투자회사들이 한 번도 투자한 적이 없는 업종이다 보니 어느 투자사 한 곳이 새롭게 길을 개척하는 것이 부담스러웠을 수 있다. 어쨌든 우리는 수많은 투자사로부터 거절 통보를 받았고, 나 역시 이런 비즈니스 모델로는 투자를 유치하는 것이 어렵겠다고 생각하며 좌절을 맛보았다.

그러던 중 가장 처음 만났던 대형 투자사로부터 다시 제안이 왔는데 투자가 무산된 지 딱 1년 만이었다. 회사는 그 1년 동안에도 매출과 영업 이익 모두에서 약 25% 정도의 성장을 했고, 이것이 투자사의 불안감을 많이 낮추게 된 것 같았다. 자기 것이 아무 것도 없는 것처럼 보이는 회사지만 꾸준히 성장해 나가는 모습을 보고 우리 회사만의 핵심 경쟁력을 발견했을 것이다.

어쨌든 결론적으로 우리는 투자심의위원회를 통과하고 회계감사, 회계 실사를 거쳐 투자 계약을 체결하는 데 성공했다. 회사의 지분 50% 이상을 매각하는 계약이었기 때문에 회사의 최대 주주는 투자사가 되었고, 나는 나머지 지분을 가진 대주주이자, 여전히 회사를 실제 운영하는 경영자로 남게 되었다.

이 시기에 우리는 투자회사와 상의하여 능력 있는 전문경영인을 영입했다. 그는 과거 경력도 우리 업종과 연관성이 깊지만 무엇보다 작은 규모의 회사를 중견기업으로 키우는 전문가였다. 내가 회사를 혼자 키우면서 느꼈던 한계는 주로 회사의 규모가 커지면서 조직을 시스템화하는 부분에서 비롯되었는데, 이런 일에 경험이 있는 사람이 절대적으로 필요한 시점이었다. 나는 '회사는 그때그때 상황에 따라 필요로 하는 대표가 다르다'라는 강한 믿음이 있다. 예를 들어 내가 매출 0에서 400억~500억 규모의 회사를 만드는 전문가라면 500억 규모의 회사를 1,000억~2,000억 규모로 만드는 데 적합한 사람이 따로 있다는 것이다.

전문경영인을 영입하고 몇 년이 지난 지금, 회사는 누가 봐도 중견기업이라고 할 수 있을 정도로 많이 변화했다. 무엇보다 눈에 띄는 가장 큰 변화는 예전에는 회사의 실적이 능력 있는 직원 몇 명에 의해 좌지우지됐다면 지금은 조직 전체가 유기적으로 돌아가면서 실적을 내고 있다는 점이다. 즉

전에는 유능한 직원 한두 명이 퇴사하는 것이 매우 큰 리스크였다면 지금은 직원 한두 명이 없더라도 크게 영향을 받지 않게 되었다. 이는 생각보다 매우 중요한 변화라고 할 수 있다. 이 외에도 회사가 회사다워지는 여러 가지 구조적인 변화들이 바탕이 되었기 때문에 코스닥 시장에 상장까지 할 수 있었다고 생각한다.

투자 유치와 관련해서 주의할 사항 중 첫 번째는 회사 자료 제공과 관련된 것이다. 우리가 만났던 투자사 중 한 곳은 투자 논의 초기부터 방대한 회사 자료를 요청해 왔고, 우리는 그들이 원하는 자료 대부분을 제공했다. 몇 년이 지나고 알게 된 사실이지만 그들은 우리와 동일한 업종에 진출해 있었다. 그들은 처음부터 투자가 아닌 동일 업종의 사업에 진출하는 것이 목적이었고, 투자를 빌미로 우리 회사로부터 많은 자료를 받아서 참고했던 것이다. 이와 유사한 경우가 적지 않다. 따라서 투자회사와 이야기할 때 처음부터 회사에 대한 모든 자료를 제공할 필요는 없으며 단계별로 적절한 선에서 자료를 제공하는 것이 좋다.

두 번째 주의해야 할 점은 투자사를 잘 선택해야 한다는 것이다. 투자사를 잘못 만나서 회사가 난관에 부딪치는 경우가 생각보다 많다. 물론 그 투자회사가 나쁜 회사여서 그런 것은 아니다. 투자는 '함께 간다'는 개념이기 때문에 방향과 철학이 잘 맞는 곳과 손을 잡아야 한다는 의미다. 대표마다 방향과 철학이 다르기 때문에 투자에 관해 명확한 기준을 제시할 수는 없지만 투자 유치를 단순히 돈의 관점에서만 보지 않아야 한다는 점은 반드시 유념한다.

▌온라인 벤더가 어떻게 투자 유치를 할 수 있었나?

우리 회사는 수많은 다른 벤더와 구조적으로 다른 점이 몇 가지 있는데, 이런 몇 가지 차이점 때문에 우리가 순수 벤더(자체 플랫폼, 브랜드 등을 가지지 않은)임에도 투자회사로부터 투자 유치를 성사시킬 수 있었다고 생각한다. 여기서는 그와 관련해서 이야기하고자 한다.

벤더란 말 그대로 다른 회사에서 상품을 사서 시장에 내다 파는 유통회사다. 유통회사는 모두 사람이 하는 일로 돌아가는 회사다. 극단적으로 가정해서 회사의 주요 인력들이 퇴사라도 하면 회사의 노하우는 줄어들거나 없어지게 된다. 만약 그 인력들이 독립해서 회사를 차리면 바로 우리 회사를 위협하는 경쟁사가 될 수도 있다. 그러다 보니 우리 같은 회사들은 소위 인프라 구축이라는 개념이 모호하다.

투자회사 입장에서 보면 회사의 '무엇'을 보고 투자해야 하는지가 애매한 것이다. 많은 투자회사를 만나면서 그 '무엇'에 대해 설명하고 설득하는 과정은 쉬운 일이 아니었다. 사실 나 자신도 투자회사들과의 미팅을 통해 그 '무엇'에 대해 처음으로 고민을 하게 되었고, 그것이 결국 회사의 근본적인 경쟁력이자 가치임을 알게 됐다. 내가 꼽은 우리 회사의 경쟁력은 다음과 같다.

•상품의 자동 소싱 구조

자동 소싱 구조란 온라인 벤더사가 제조사의 상품을 하나하나 직접 소싱하는 것이 아니라, 판매할 상품을 일일이 요청하지 않아도 제조사에서 알아서 상품을 공급하는 시스템을 의미한다. 제조사 입장에서 우리는 단순한 거래처가 아닌 온라인 에이전시인 셈이다. 이는 신상품이 미래에도 활발하게 출시될 것이라는 기대감을 준다.

· 정산 구조

판매한 수량에 대해서만 소싱처에 대금을 지급하고(판매분 매입) 재고를 보유하지 않음으로써 자금 흐름이 원활하여 매출 상승에 저항이 작고 안정성을 기대할 수 있다.

· 다수의 준히트 상품 보유

소수의 히트 상품 위주의 매출이 아닌, 다수의 준히트 상품 위주의 매출 구성으로 리스크를 낮추었다.

· 판매처 분산

매출을 특정 판매처(쇼핑몰)에 집중시키지 않고 다수의 판매처에 고르게 분산하여 리스크를 낮추었다.

· 거래 선호도 확보

영업 레퍼런스, 업계 1위의 규모로 비즈니스 관계 주체(제조사, 쇼핑몰, 브랜드 본사)의 거래 선호도를 확보했다.

업계의 우수한 인력 확보로 지속적인 성장을 기대할 수 있다.

 나는 우리 회사를 연예기획사에 비교하곤 한다. 초창기 연예기획사는 별도의 시스템 없이 연예인 1명에 매니저가 붙어 있는 구조였다. 새로운 스타를 발굴하기보다는 기존 연예인 관리에 업무가 집중되어 있었다. 기존 연예인의 인기가 떨어져서 수입이 줄면 회사는 속수무책이었다. 아마도 어떤 투자사도 그런 위험한 투자는 하지 않을 것이다. 이후 대형 기획사들이 생겨나면서 기존 연예인 관리도 체계화되었고, 특히 새로운 연예인을 발굴하고 육성하는 '시스템'을 만들면서 연예기획사들의 기업 가치가 천정부지로 올라갈 수 있었던 게 아닌가 한다.

 투자회사들은 현재를 보고 투자하는 것이 아니라 회사의 미래를 보고 투자한다. 따라서 현재의 영업이익보다는 오히려 미래의 수익원이 될 수 있는 좋은 연예인을 발굴하고 육성하는 그들만의 노하우와 시스템이 오히려 더 중요할 수 있다. 다만 노하우와 시스템을 실제로 가지고 있다고 해도 그 무형의 경쟁력을 외부에서도 객관적으로 인정받고 높은 가치를 부여받게 만드는 것은 정말 어려운 일이다.

 연예기획사와 비교하자면 연예기획사의 연예인이 온라인 벤더사의 상품인 것이다. 현재 운영하는 상품이 판매가 잘돼서 높은 이익을 거두고 있다고 해도 회사의 가치를 인정받으려면 앞으로도 잘 팔리는 상품을 꾸준히 만들어 낼 수 있는 노하우와 시스템을 갖추고, 이를 객관적으로 증명하는 것이 더 중요하다. 그것이 바로 '벤더사의 기업 가치'이기 때문이다. 앞에서 사업과 장사의 차이에 대해 언급하면서 사업은 '단순히 돈을 버는 일'이 아니라 '돈을 버는 시스템을 만드는 일'이라고 했는데 이와 같은 맥락인 것이다.

지금까지 우리 회사가 왜 투자 유치를 생각하게 되었고, 이후 투자 유치에 성공하기까지 어떤 일을 하고 어떤 과정을 거쳤는지에 대해 간략하게 설명했다. 초보 창업자들에게는 이런 이야기가 멀게만 느껴질 수 있다. 하지만 우리 회사도 처음에는 불가능할 것만 같았던 일들을 대단한 노하우 없이 해냈듯이 차근차근 회사를 가치 있게 만들어 가면 누구나 어렵지 않게 투자 유치를 추진해 볼 수 있다. 추후 창업한 회사가 투자를 생각하게 되는 시점이 오면 대략 어떤 생각을 하고 어떤 일부터 해야 하는지 참고가 될 수 있을 것이다.

리더십:
전문경영자로서의 한계에 대해 냉정하게 생각해라

사업을 운영하면서 내가 정말 잘하는 일이 무엇인지, 회사가 성장할 때 혼자서 어디까지 할 수 있는지를 끊임없이 생각해야 한다. 사업을 하다 보면 내가 제일 잘하는 일보다는 다른 일에 시간을 훨씬 많이 뺏기는 경우가 많다. 회사가 커지면 커질수록 이런 경향은 더욱 두드러진다. 그러다 보면 당연히 회사의 효율은 떨어질 수밖에 없다.

또 어느 순간 회사가 빠르게 성장해서 내 경영 능력 밖에 놓이는 경우가 발생하기도 한다. 사실 이보다 위험한 상황은 없다. 수많은 회사가 초기에 빠르게 성장하다가 순식간에 없어진다. 나는 대부분이 경영 능력의 한계에서 기인한다고 생각한다.

여기서도 한국의 대형 연예기획사를 예로 들겠다. 누구나 유명 가수가 후배 가수들을 키우기 위해 설립한 회사 몇 곳을 알고 있을 것이다. 그 회사들의 설립자이자 대주주는 현재 대표직을 내려놓고 그들이 가장 잘하는 일인 프로듀싱에 매진하고 있다. 회사는 전문경영인을 영입해서 운영하고 있다. 만일 초창기처럼 설립자가 회사를 지금도 계속 혼자서 운영하고 있다면, 그 큰 규모의 회사를 경영에 전문성이 없는 사람이 계속 경영하기는 쉽지 않을 것이다. 무엇보다 회사 입장에서는 최고의 프로듀서를 잃는 셈이된다. 나는 이런 연예기획사들의 운영 방식이 여러모로 매우 효율적이라고 생각한다.

물론 이것은 일반화해서 이야기할 수 있는 문제는 아니다. 사람에 따라서 역량과 전문성, 한계가 모두 다르기 때문이다. 누군가는 혼자서 회사를 만들어서 대기업의 회장이 되기도 한다. 다만 내가 하고 싶은 이야기는 본인의 전문성과 경영자로서의 한계에 대해 냉정하게 생각할 필요가 있다는 것이다. 회사는 나만의 것이 아니다. 상황에 따라 대표 자리에서 물러나거나, 업무를 지시하는 것이 아니라 직접 처리해야 할 때도 있다.

부록 기업가치 1,000억 신화를 이룬 창업자의 경영 인사이트

운영 프로세스:
조금만 더 디테일해져라

▌노출 로직의 변수를 찾아내기 위한 노력

매출을 많이 올릴 수 있는 가장 확실한 방법은 좋은 상품을 소싱해서 판매하는 것이다. 하지만 현실적으로 소규모 벤더에게 좋은 상품을 판매할 수 있는 기회는 좀처럼 오지 않는다. 특별하지 않은 평범한 상품을 가지고 남들과의 경쟁에서 이기려면 '판매'에서 답을 찾아야 한다. 즉 각각의 온라인 채널을 누가 더 상세하게 파악하고 잘 활용하는가에 따라 승부가 가려진다는 뜻이다.

모든 쇼핑몰은 판매량, 판매 금액 등이 높은 상품일수록 상위에 노출한다. 그 외에도 각각의 온라인 쇼핑몰은 상품 노출의 순서를 결정하는 저마다의 상세한 기준과 로직을 갖고 있지만 대개 영업 비밀인 경우가 많다. 그래서 우리는 초기에 각 쇼핑몰의 상품 노출 로직을 연구하기 시작했다.

이와 관련된 한 가지 재미있는 일화가 있다. 창업한 지 얼마 되지 않았을 때 우리와 같은 카테고리에서 1등을 하는 경쟁사가 있었는데 그 회사는 우리보다 몇 년 앞서 설립된 회사로 당시 우리보다 채널 관련 노하우가 뛰어났음은 당연했다. 한 번은 특정 쇼핑몰에서 그 회사의 상품명 앞에 알파벳 'a'가 붙어 있는 것을 발견했다. 우리는 혹시 상품명도 노출 순서의 변수 중 하나가 아닐까 가정하고 직원들과 함께 4~5시간 동안 상품명을 이렇게 저렇게 바꿔 보면서 노출 순서가 어떻게 변하는지 실험을 했다. 상품명 앞에 철자 'ㄱ'이나 'a'를 붙여 보기도 했다. 또 상품명에 영어를 넣기도 하고, 짧게 줄였다가 길게 늘여보기도 했다. 결론을 말하자면 그 회사 상품명 앞에 'a'가 붙어 있었던 건 뭔가 특별한 이유가 있어서가 아니라 그 회사 담당자가 상품 등록을 할 때 단순 오타를 낸 것이었다. 웃긴 이야기지만 우리는 어쨌든 그 쇼핑몰에서 상품명은 변수가 아님을 확실히 알게 됐다. 그런데 상품명이 노출 순서에 영향을 주지 않는다는 사실을 정확히 알고 있는 판매자가 몇이나 될까? 그만큼 우리는 쇼핑몰에 대해서 남들보다 더 깊고 상세하게 파악하고자 노력했고, 이것이 우리의 중요한 성공 요인 중 하나라고 확신한다.

▍단 1명의 고객이라도 더 붙잡겠다는 것을 목표로

이와 관련해서 한 가지 이야기를 더 하자면 예전에 한 오픈마켓에서 제공한 판매 관련 통계 자료를 분석해 본 적이 있다. 자료의 내용은 어떤 특정한 상품에 대해 1개월 동안 몇 명의 고객이 상세페이지를 보았고 그중 몇 명이 실제 구매까지 했는지에 대한 것이었다. 놀랍게도 우리 상품의 경우 평균적으로 100명이 상세페이지에 들어와서 상품 정보를 보았지만 그중 1명만 구매를 했다는 사실을 알 수 있었다. 상세페이지에 들어왔다는 것은 상품을 검색했을 때 리스팅되는 우리 상품명을 클릭하고 들어왔다는 것이며, 상품 리스팅에는 보통 섬네일과 상품명, 판매가 등이 표기되므로 이에 관심을 갖고 들어왔다는 의미다. 그러나 그렇게 들어온 고객 중 1명만이 구매로 연결되고 나머지 99명은 상세페이지만 보고 되돌아 나간 것이다.

그래서 생각한 것이 만일 그 99명 중 1명만 더 잡는다면 매출이 2배가 될 텐데 하는 것이었다. 그때부터 우리는 1명만 더 잡자는 생각으로 상세페이지에 대해 연구하기 시작했다. 도대체 99명이 상세페이지의 어떤 내용이 마음에 들지 않아서 나갔을까에 대해 고민했다. 나는 고객마다 성향이 다르고 판단의 기준 또한 제각각이라는 생각에 우리 상품 중 하나를 정해서 직원들 모두에게 상세페이지에 대한 개개인의 의견을 요구했다. 전체적인 색상을 블루톤으로 바꿨으면 한다, 문구를 좀 더 강한 어투로 바꾸자, 상품의 뒷면 이미지가 없어서 불안해서 구매하지 않는 고객도 있을 것이다 등등 매우 다양한 의견이 쏟아져 나왔다. 이러한 의견 대부분은 반영하는 데 많은 시간과 비용을 필요로 하지 않지만 별생각 없이 쉽게 간과하곤 한다. 우리는 이 중에 쉽게 적용 가능한 것들을 모아 상세페이지를 업데이트했고, 그것만으로 해당 상품의 매출을 30% 이상 상승시킬 수 있었다. 그 후에 히트 상품들의 상세페이지는 이런 방식으로 주기적으로 업데이트를 해 나가곤 했다. 다시 말하지만 목적은 99명 중 단 1명만 더 잡는다는 것이었다.

▌일정한 비용으로 최대의 효과를 보는 프로모션 노하우

남들보다 더 디테일하게 관리해야 하는 것에는 프로모션도 있다. 프로모션이란 상품을 등록한 후 노출도를 올리기 위해 비용을 들여서 행하는 광고활동이라고 보면 된다. 이 프로모션은 쇼핑몰마다 모두 다른 시스템을 가지고 있다. 특히 오픈마켓의 경우 어느 회사가 프로모션을 잘하느냐에 따라 승부가 결정된다고 해도 과언이 아니다. 큰 비용을 들여 상품을 많이 노출할 수도 있겠지만, 우리가 원한 것은 일정한 비용으로 최대의 효과를 보는 것이었다. 쇼핑몰은 저마다 매우 많은 광고 공간을 가지고 있고 심지어 이들은 너무 복잡해서 쇼핑몰 직원들조차 자사 쇼핑몰에 어떠한 광고 공간이 있는지 정확하게 알지 못하기도 한다. 결국 쇼핑몰마다 실제 효율이 나는 광고 공간이 따로 있는데 이에 대해 잘 알고 있어야 한다.

중요한 건 남들만큼이 아니라 남들보다 더 많이 더 깊게 알아야 한다는 점이다. 우리는 이 또한 업계 최고의 노하우를 가졌다고 자부했는데 나를 비롯해 많은 직원이 비용이 발생하더라도 이런저런 테스트를 하는 데 주저하지 않았고 그 결과를 잘 정리해 놓았기 때문이었다. 이 노하우들은 매뉴얼로 만들어서 나중에 새로운 영업직원이 들어오더라도 시간과 비용을 낭비하지 않도록 했다. 이뿐만 아니라 쇼핑몰의 업데이트로 프로모션의 로직이나 공간 등이 변할 때 우리도 함께 매뉴얼을 업데이트해 나가곤 했다.

▍온라인 벤더 사업에서 집요함이 중요한 이유

누구나 큰 자본 없이 시작할 수 있는 사업, 그리고 무엇보다 특별한 노하우나 기술이 필요하지 않아서 누구나 쉽게 배우고 시작할 수 있는 사업, 그게 바로 온라인 벤더 사업이다. 그렇기 때문에 경쟁에서 승부를 가르게 되는 건 아주 작은 차이다. 누가 조금 더 상세하게 채널을 파악하고 있느냐가 관건이다.

아무리 온라인 쇼핑몰 각각의 특성과 로직을 상세하게 파악한다고 해서 남들과 비슷한 상품을 2, 3배 더 팔 수는 없다. 특별한 경우가 아니라면 고작 10~20% 수준일 것이다. 그러다 보니 대부분의 벤더는 작은 변화에 민감하지 않은 편이다. '고작 10~20% 더 팔자고 그런 귀찮은 것까지 해야 하나?' 하고 생각하는 것이다.

하지만 그 작은 차이가 결과적으로 엄청난 차이가 된다는 것을 잊지 말아야 한다. 벤더 사업의 시작은 판매할 상품을 얼마나 잘 그리고 많이 소싱하느냐에서 비롯된다. 우리가 괜찮은 상품을 가지고 있는 제조사 사장이라고 가정해 보자. 똑같은 상품의 판매 대행을 맡겼을 때 다만 1개라도 더 팔 수 있는 곳이 있다면 당연히 그곳에 맡기려고 할 것이다. 한 상품으로 보면 10~20% 차이겠지만 그 작은 차이로 인해 우린 훨씬 더 좋은 그리고 많은 상품을 소싱해서 판매할 기회를 얻을 수 있다. 비슷한 상품을 남들보다 하나라도 더 판다는 소문이 나기 시작하면 더 많은 제조사가 우리를 찾기 때문이다. 그렇게 되면 판매하는 상품이 늘어나고 매출도 증가하면서 결국 판매처인 쇼핑몰에서의 영향력도 커지게 된다. 이런 점들은 다시 제조사들이

특별 기업가치 1,000억 신화를 이룬 청년창업자의 경영 인사이트

우리를 더 찾게 하는 선순환을 일으킨다.

예전의 유통 시장에서는 사람과의 관계에 의해 영업이 이루어지곤 했다. 따라서 디테일보다는 관계에 집중하는 경우가 많았다. 하지만 온라인 유통은 예전의 유통과는 전혀 다르다. 남들보다 조금 더 깊이, 조금 더 집요하게 파고들어서 작은 변화를 만든다면 시간이 지나면서 그것이 몇 배, 몇십 배의 차이를 가져오게 되는 것이다.

재무:
처음부터 전문 회계사나
세무사에게 맡겨라

▌법인세와 부가가치세, 어떻게 납부할까?

모든 사업자는 납세의 의무가 있다. 사업자가 납부하는 세금 중 가장 대표적인 것은 법인세와 부가가치세 두 가지다. 쉽게 말해 법인세는 개인으로 보면 소득세에 해당하는 것으로 이익에 비례하여 내는 세금이다. 부가가치세는 거래 단계별로 만들어지는 부가가치에 부과되는 세금이다. 그런데 이 세금들은 모두 일정 기간이 지난 후에 한꺼번에 납부하는 것으로, 막상 세금을 납부할 때가 되면 사업자에게 적지 않은 부담이 된다.

개인의 근로소득세는 매달 월급을 받을 때 일정 부분을 원천징수로 공제하고 1년에 한 번씩 연말 정산을 하여 많은 사람이 기납부세액 중 일부를 돌려받는다. 설령 추가로 납부하더라도 이미 원천징수로 납부한 세금이 있으므로 보통은 크게 부담이 되지 않는다. 하지만 사업자의 경우에는 개인

사업자이든 법인사업자이든 1년에 한 번(물론 중간 예납이라는 것이 있다) 한꺼번에 납부해야 하기 때문에 금액이 꽤 크다. 많은 사업자가 세금 납부 기간에 당황하는 이유는 이미 발생한 세금을 인지하지 못하는 것에서 기인한다. 따라서 실제로는 매월 납부하지 않더라도 매월 발생한, 미래에 납부해야 할 세금에 대해 인식하고 관리해야 한다.

부가가치세

상품의 거래나 서비스 제공 과정에서 얻는 이윤에 대해 과세하는 세금으로 '매출세액 - 매입세액'으로 계산된다. 물건값에 포함되어 있기 때문에 실제로는 최종 소비자가 부담한다.

• 세액 계산 방법

	기준 금액	납부 세액
일반과세자	1년 매출 4,800만 원 이상	매출세액(매출액의 10%) - 매입세액
간이과세자	1년 매출 4,800만 원 미만	(매출액×업종별 부가가치율×10%) - 공제세액 *공제세액=세금계산서에 기재된 매입세액×해당업종의 부가가치율

• 과세 및 납부 기간

개인사업자	과세 기간	확정 신고 과세 대상 기간	확정 신고 납부 기간
일반과세자	1기) 1월 1일~6월 30일	1월 1일~6월 30일까지 사업 실적	7월 1일~7월 25일
	2기) 7월 1일~12월 31일	7월 1일~12월 31일까지 사업 실적	다음 해 1월 1일~1월 25일
간이과세자	1월 1일~12월 31일	1월 1일~12월 31일까지 사업 실적	다음 해 1월 1일~1월 25일

법인세

주식회사와 같이 법인 형태로 사업을 하는 경우 그 사업에서 생긴 소득에 부과하는 세금으로 기업에 부과하는 소득세라고 할 수 있다.

• 법인세 세율(2018년 이후)

	각 사업연도 소득			청산소득		
	과세표준	세율	누진공제	과세표준	세율	누진공제
영리법인	2억 이하	10%	-	2억 이하	10%	-
	2억 초과 200억 이하	20%	2,000만 원	2억 초과 200억 이하	20%	2,000만 원
	200억 초과 3,000억 이하	22%	4억 2,000만 원	200억 초과 3,000억 이하	22%	4억 2,000만 원
	3,000억 초과	25%	94억 2,000만 원	3,000억 초과	25%	94억 2,000만 원
비영리법인	2억 이하	10%	-	-	-	-
	2억 초과 200억 이하	20%	2,000만 원			
	200억 초과 3,000억 이하	22%	4억 2,000만 원			
	3,000억 초과	25%	94억 2,000만 원			
조합법인	20억 이하	9%	-	-	-	-
	20억 초과	12%	6,000만 원			

* 2018년 1월 1일 이후 개시하는 사업연도분부터 적용

• 법인세 신고 납부 기한

	법정신고기한	제출 대상 서류
12월 결산법인	3월 31일	1. 법인세과세표준 및 세액신고서
3월 결산법인	6월 30일	2. 재무상태표 3. 포괄손익계산서
6월 결산법인	9월 30일	4. 이익잉여금처분계산서(결손금처리계산서) 5. 세무조정계산서
9월 결산법인	12월 31일	6. 세무조정계산서 부속서류 및 현금흐름표

*신고 기한이 공휴일, 토요일인 경우 공휴일, 토요일의 다음 날을 신고 기한으로 함

부록 기업가치 1,000억 신화를 이룬 청년장인 경영 인사이트

▎세무와 회계 처리, 원리원칙대로 하는 것이 가장 좋다

사업을 시작할 때 많은 세무사가 세금을 줄여 준다는 식의 달콤한 제안을
해 오는 경우가 많은데, 요즘은 세무 당국의 시스템이 모두 전산화되어 크
로스 체크를 하기 때문에 주먹구구식으로 세무 처리를 하면 나중에 문제
가 될 가능성이 높다. 또한 경험상 온라인 벤더 사업에서는 매출과 매입의
관리가 가장 중요하다고 할 수 있다. 이 의외 비용이 다른 업종에 비해 매
우 단순하기 때문이기도 하다. 매출, 매입 외에 나머지 비용은 쇼핑몰 수
수료와 광고비, 인건비, 사무실 임대료 정도. 구조가 비교적 단순하다는
얘기다. 따라서 편법을 쓸 여지도 없으므로 정확하게 처리하는 것이 가장
좋다.

나중에 투자를 유치하거나 상장을 생각하는 경우라면 더욱 그렇다. 회계
처리나 세무 신고가 투명하지 않은 회사에 투자할 회사는 없다. 왜냐하면
회계가 투명하지 않으면 회사에 대해 제대로 파악하기도 어렵고, 설령 투자
를 하더라도 나중에 어떤 세무상의 리스크가 발생할지 모르기 때문이다.

세금은 어디까지나 이익의 일부분을 내는 것이다. 아무리 세금이 많다고
해도 이익보다 클 순 없다. 다만 앞서 언급한 것처럼 1년 치 또는 몇 개월 치
를 한꺼번에 내다보니 착각할 뿐이다. 세금에 대해 매월 인지하고 관리하면
서 회계 처리를 원칙대로 하고 세금을 제대로 납부한다면 손해 보는 것은
전혀 없다.

▎업계 경험이 많은 회계사나 세무사를 선택해라

정확한 회계 처리는 실제로 회사가 일정 기간 동안 얼마나 경영 활동을 잘했는지를 비교적 명확하게 파악할 수 있게 해 준다. 많은 사업자가 회사를 운영하면서 얼마의 이익이 남고 있는지, 또 회사에 현재 가용할 수 있는 자금이 얼마나 있는지 정확하게 파악하지 못하는 경우가 많다. 사업을 시작하지 않은 사람들은 이해하기 어렵겠지만 현실이 그렇다. 받아야 할 돈이 입금되는 시점, 지급해야 할 돈을 송금해야 하는 시점들이 거래처별로 모두 다르다 보니 발생하는 일이다. 이런 문제는 좋은 회계사 또는 세무사를 만나 주기적으로 한 번씩 정확하게 정리한다면 해결할 수 있다.

사업자가 세무에 대한 지식이 있어 이를 관리할 수 있다면 가장 좋겠지만, 세무라는 것이 워낙 어렵고 전문성이 필요한 영역이라서 이런 경우는 흔치 않다. 가장 좋은 방법은 이쪽 업계의 경험이 많은 회계사 또는 세무사를 찾아 처음부터 함께하는 것이다. 비용도 생각보다 비싸지 않다. 회사의 규모에 따라 다르지만 보통 사업 초기의 온라인 벤더인 경우 1개월에 15만 ~20만 원 선으로 발생한다.

사업 초기라면 규모가 큰 회계·세무 법인이나 유명한 회계사·세무사를 권장하지 않는다. 회계사나 세무사의 얼굴도 보지 못하는 경우가 많기 때문이다. 좋은 회계사 또는 세무사를 선정하는 기준은 동종업계 담당 경험과 원활한 커뮤니케이션 정도로 생각하면 된다. 특히 동일한 카테고리의 상품을 판매하는 오래된 회사를 담당하고 있다면 가장 리스크가 적을 것이다.

정리하자면 사업 초기부터 좋은 회계사나 세무사를 선정하고, 사업자가 내는 기본 세금인 법인세(소득세) 및 부가가치세와 관련해서 기본 지식(정의, 세율, 납부 시기 등)을 알고 있으면서 정직하게 세금을 납부하는 것이 장기적으로 봤을 때 가장 좋은 선택이라는 것을 잊지 말자.

제반 인프라:
아주 적은 비용으로도
사무 공간을 구축할 수 있다

▌지인의 사무실에서 시작해 10평 사무실을 임대하기까지

많은 창업자의 고민 중 하나가 사무실 임대 문제다. 처음부터 좋은 사무실을 구해서 멋지게 인테리어도 하면 좋겠지만 현실은 그렇지 못하다. 부업으로 시작한 내 경우에는 지인의 사무실 한쪽에 책상 하나를 빌려서 컴퓨터 한 대만 놓고 시작했다.

　다행히 신세를 지는 기간은 그리 길지 않았다. 사업을 시작한 지 3개월도 채 되지 않아 첫 직원을 채용해야 했는데, 그러려면 독립된 사무실이 필요했다. 나는 월세 50만 원짜리의 10평 남짓한 사무실을 구했고 그곳에서 직원을 6명까지 늘리게 되었다. 10평 정도면 작은 책상을 7개까지 넣을 수 있다. 나는 직원을 1명 채용할 때마다 책상, 의자 등을 늘려나갔다. 사무용 가구를 미리 한꺼번에 구매해 놓는 사람도 있는데 전혀 그럴 필요가 없다.

부록 기업가치 1,000억 신화를 이룬 창업자의 경영 인사이트

여기서 한 가지 팁이라면 이전에 구매했던 책상과 의자들의 모델 넘버, 색상, 제조사 등을 꼭 알고 있어야 한다는 점이다. 그렇지 않으면 나중에 추가 주문을 한 가구들의 모양이나 색상이 조금씩 달라서 사무실 인테리어가 어색해질 수 있다. 사무용 가구는 디자인이 거의 비슷해서 같은 상품인 줄 알고 주문했다가 낭패를 보는 경우가 꽤 많다. 특히 색상의 경우 제조사마다 모두 다른 시트지를 쓰기 때문에 같은 색상이라 하더라도 이질감이 있을 수밖에 없다. 따라서 제조사도 동일한 곳에서 주문해야 한다.

▎임대 계약 1년 vs. 2년

첫 사무실의 계약 기간은 1년이었다. 계약 기간을 1년으로 하는 경우도 있고 2년으로 하는 경우도 있는데 이는 일장일단이 있다. 1년으로 하면 사업이 생각보다 잘되거나 또는 반대로 생각보다 잘 안될 때 유동적으로 대처할 수 있다는 장점이 있다. 계약 기간이 길면 빠른 성장으로 인해 더 많은 직원이 필요해서 사무실을 넓혀야 하는데 계약 기간이 남아 고생하는 경우가 있을 수 있다. 반대로 사업이 너무 안돼서 사무실을 줄이거나 없애야 하는 경우에는 더 고생하게 된다. 이 경우 1년 후에 재계약 시 임대료를 올려줘야 할 가능성이 높고, 상황에 따라서는 원치 않게 이사를 해야 할 수도 있다. 계약 기간은 임대인과 상의하면 된다. 운이 좋게도 우리는 빠른 성장으로 인해 직원을 늘려야 했기 때문에 계약이 끝나는 시점인 1년 후에 사무실을 확장 이전할 필요가 있었다.

▎사무실 위치 선정은 신중하게

사무실을 구할 때 또 하나의 문제가 위치에 관한 것이다. 보통 당시의 우리처럼 아주 작고 설립한 지 얼마 되지 않은 회사의 경우 이전의 위치에서 조금만 멀리 떨어진 곳으로 이전해도 그만두는 직원이 생기기 때문에 근처로 움직일 수밖에 없다. 회사가 오래되지 않았다면 직원들도 입사한 지 오래되지 않았기 때문에 더 쉽게 그만둘 가능성이 높은 것이다.

또한 편리한 교통은 가장 크게 고려해야 할 사항이다. 작은 회사일수록 신규 직원을 채용하는 것이 만만치 않다. 이때 교통이 편리하다는 점은 많은 구직자들이 선호하는 조건이므로 좋은 직원을 뽑을 수 있는 확률이 높아진다. 주차 공간도 반드시 고려해야 한다. 시니어급 직원들은 보통 차를 가지고 다니는 경우가 많고, 영업 활동 시 차가 필요하기 때문에 나중에 주차 공간을 늘리고 싶어도 그러지 못해서 고생하는 경우가 많기 때문이다. 따라서 처음 사무실 위치를 선정할 때 적어도 몇 년 이상은 그 지역에서 벗어나지 않는다는 생각을 가지고 신중하게 결정해야 한다.

이와 같은 이유로 우리는 같은 건물에서 20평 크기의 상가를 구했다. 기존 사무실 바로 옆이었다. 이사도 간단해서 우리가 직접 이삿짐을 옮길 수 있었다. 그곳에서 2년을 보냈고 직원 수를 15명 가까이 늘릴 수 있었다.

그 후 또 같은 건물의 30평 정도 되는 사무실로 옮겨서 1년을 보냈다. 이때까지만 해도 회사에는 파티션이 없었다. 물론 대표인 내 방도 따로 있지 않았다. 직원이 15명 남짓인 회사, 특히 설립한 지 오래되지 않아 시스템이 잘 갖춰져 있지 않은 회사에서 무엇보다 중요한 것이 구성원 간의 커뮤니케이션이라고 생각했기 때문이다. 이렇게 사무 공간에 대한 비용을 거의 들이지 않고 우리는 월세 200만 원 정도의 작은 상가 사무실에서 200억 원 이상의 실적을 올렸다.

모든 사업을 이렇게 시작해야 한다고 생각하진 않는다. 내가 강조하고 싶은 건 온라인 벤더 사업은 인터넷을 기반으로 한 비즈니스고 스몰 스타트가 적합한 사업인 만큼 이 방식이 적어도 우리한테는 가장 합리적인 방법이지 않았나 한다. 사무 공간을 구축하는 것은 사람마다 회사마다 상황이 다른 만큼 참고만 하면 된다.

▍공유 오피스의 장단점

사업에서 부차적인 문제인 사무실 이야기를 이렇게 자세하게 언급하는 이유는 방법에 따라 초기에 저렴한 비용으로도 충분히 사무 공간을 구축하는 것이 가능하다는 점을 강조하고 싶어서다. 많은 사람이 창업을 계획할 때 나만의 사무실을 임대하고 가구, 컴퓨터 등 사무집기를 채워 넣는 등 사무 공간을 구축하는 데 큰 비용이 들 것이라 생각해서 지레 겁부터 먹는다.

실제로 이런 점들 때문에 최근에 공유 오피스가 많이 생겨나고 있지만, 앞서 언급한 우리 회사 초기의 경우와 비교해 보면 저렴하다고 할 수는 없다. 물론 공유 오피스의 장점도 있다. 먼저 단기 계약(일, 주, 월 단위 등)이 가능하기 때문에 쉽게 정리할 수 있다는 점이 있다. 사업이라는 것이 늘 잘되기만 하는 것이 아니기 때문에 창업을 하고 1년을 넘기지 못한 채 정리해야 하는 상황이 왔음에도 1년 이상의 장기 임대를 했다면 남은 임대 기간의 임대료를 계속 부담해야 하는 괴로운 상황에 직면하기도 한다. 월 단위의 계약은 이런 최악의 상황을 막을 수 있다는 점이 최고의 장점이다. 물론 보증금이 없다는 것 또한 중요한 장점이다. 좀 더 컨디션이 좋은 회의실, 탕비실 등을 이용할 수도 있다. 단점은 비용이 아주 비싸다는 것이다. 보통 공유 사무실의 경우 지역에 따라 가격 차이가 있지만 혼자 쓰는 경우도 40만~50만 원 정도의 기본 비용을 지불해야 하고, 여기에 이것저것 비용이 추가되면 100만 원을 훌쩍 넘기게 된다.

직원을 채용하기 전까지는 굳이 사무실을 마련할 필요가 없다는 것이 온라인 사업의 장점이므로 처음에는 사무실 없이 운영하다가 직원 채용 시점에서 단기로 공유 오피스를 활용하는 것도 방법이 될 수 있다. 다만 위와 같은 방법으로 비용을 최소화하면서 빨리 나만의 사무실 공간을 만드는 것이 여러모로 효율적이다.

온라인 판매 사업을 한다는 것

1판 1쇄 발행	2021년 6월 16일
1판 5쇄 발행	2024년 1월 31일

지은이	최인순
펴낸이	이영혜
펴낸곳	㈜디자인하우스

책임편집	김선영
디자인	빅웨이브
홍보마케팅	윤지호
영업	문상식, 소은주
제작	정현석, 민나영
미디어사업부문장	김은령

출판등록	1977년 8월 19일 제2-208호
주소	서울시 중구 동호로 272
대표전화	02-2275-6151
영업부직통	02-2263-6900
인스타그램	instagram.com/dh_book
홈페이지	designhouse.co.kr

디자인하우스는 독자 여러분의 소중한 아이디어와 원고 투고를 기다리고 있습니다.
원고가 있는 분은 dhbooks@design.co.kr로 개요와 기획 의도, 연락처 등을 보내 주세요.